ACCESO GRATIS a la Lectura en la Nube

Para visualizar el libro electrónico en la nube de lectura envíe junto a su nombre y apellidos una fotografía del código de barras situado en la contraportada del libro y otra del ticket de compra a la dirección:

ebooktirant@tirant.com

En un máximo de 72 horas laborales le enviaremos el código de acceso con sus instrucciones.

© TIRANT LO BLANCH
EDITA: TIRANT LO BLANCH
C/ Artes Gráficas, 14 - 46010 - VALENCIA
TELFS.: 96/361 00 48 - 50
Fax: 96/369 41 51
Email: tlb@tirant.com
www.tirant.com
Librería Virtual: www.tirant.es
DEPOSITO LEGAL: V-3906-2024
ISBN: 978-84-1095-058-0
MAQUETA E IMPRIME: Tink Factoría de Color , S.L.

Si tiene alguna queja o sugerencia, envíenos un mail a: atencioncliente@tirant.com.
En caso de no ser atendida su sugerencia, por favor, lea nuestro procedimiento de quejas en:
www.tirant.net/index.php/empresa/politicas-de-empresa

Responsabilidad Social Corporativa
http://www.tirant.net/Docs/RSCTirant.pdf

TÉCNICAS DE AUDITORÍA. LA AUDITORÍA SOCIOLABORAL EN LAS ORGANIZACIONES.

Dolores Meseguer Chanzá

ÍNDICE

En el ámbito académico la auditoría sociolaboral constituye una de las salidas profesionales que presentan algunos estudios universitarios, que además resultan muy diversos dado que la propia naturaleza de esta auditoría y su falta de regulación normativa la hacen abordable desde diferentes campos profesionales: Grado en Relaciones Laborales y Recursos Humanos (o sus precedentes: Diplomatura en Graduado Social, Diplomatura en Relaciones Laborales, Licenciatura en Ciencias del Trabajo), Grado en Derecho (con sus diferentes combinaciones en dobles grados), Grado en Psicología, Grado en Sociología, Grado en Económicas, Grado en Administración y Dirección de Empresas, por citar solo algunos.

Sin embargo, esta perspectiva resulta limitativa incluso para el propio alumnado porque la auditoría sociolaboral aporta además como valor añadido el que puede implementarse a iniciativa propia de cualquier profesional en el ámbito de los recursos humanos que desarrolla su trabajo en una organización, y ello con la finalidad de conocer y evaluar cuáles están siendo los resultados de esta área funcional en relación con la gestión sociolaboral de las personas y, consecuentemente, si admite mejoras y en qué sentido. Estaríamos pues ante el supuesto en el que la auditoría sociolaboral se lleva a cabo, no ya a iniciativa de la organización (escenario más habitual), sino a iniciativa de la propia persona que como profesional en recursos humanos y en su gestión decide realizarla de manera proactiva, aunque evidentemente la propia organización deberá estar de acuerdo con ello.

Consecuentemente, el presente libro está elaborado con esta doble perspectiva, esto es, se aborda la auditoría sociolaboral tanto como una salida profesional en sí misma para el alumnado de los estudios universitarios competentes (auditor/a sociolaboral), como una manera de evaluar el trabajo desarrollado en el área sociolaboral de cualquier organización como profesional en recursos humanos parte de la misma que se preocupa por mejorar la gestión de personas de forma proactiva.

1.- INTRODUCCIÓN: ALGUNAS REFLEXIONES COMO PUNTO DE PARTIDA.

Como punto de partida, la primera cuestión que deberíamos plantearnos es *¿cuál es el principal activo y motor de una organización?* Sin duda *las personas que la integran* porque sin ellas el resto de los recursos no pueden gestionarse por sí solos de forma eficiente, eficaz y con un nivel de calidad determinado. Parece evidente que la organización que quiera bien sea mantenerse o, incluso, mejorar y desarrollarse en el mercado ha de contar con sus miembros, reconociendo y valorando la importancia de sus aportaciones. Para ello, la organización ha de permitirles ser protagonistas, ser parte activa del sistema organizativo en el que se integran profesional y personalmente.

Ahora bien, aunque esta respuesta pueda resultar obvia, veremos que en la realidad no lo es tanto. Así, deben tomarse en consideración dos cuestiones:

1ª.- Desde la perspectiva de las personas miembros de una organización: para la mayoría de las personas el trabajo es mucho más que un medio para ganarse la vida. El trabajo es un aspecto fundamental no sólo por las posibilidades que pueda ofrecer de desarrollo profesional, sino también por su vertiente de desarrollo personal y social: en el trabajo se entablan relaciones que van más allá del ámbito de la empresa. El trabajo, además, tiene efectos en las personas, influyendo incluso en su salud física y/o mental. Son innegables los efectos que el trabajo produce en los trabajadores/as tanto en sentido positivo como negativo.

En cuanto a los efectos negativos del trabajo, habituales en muchas organizaciones, producen en sus miembros insatisfacción, frustración, malestar, desmotivación, entre otros. Ante estos efectos, el personal reacciona:

- Disminuyendo su implicación

- Minorando la calidad de su trabajo

- No colaborando en la consecución de los objetivos

- Adoptando una actitud opuesta, en contra o de resistencia hacia la organización

- Incrementado el absentismo (y con ello los costes de la organización): aumento de las ausencias al trabajo, de las bajas médicas, etc.

Todo ello, entre otros, repercute en última instancia disminuyendo la productividad. Al respecto cabe recordar que la productividad es la relación entre la cantidad de productos/servicios obtenida por un sistema productivo y los recursos utilizados para obtener dicha producción. La productividad es un concepto relativo a cada uno de los factores que en la producción han intervenido: así se habla de la productividad del equipo, de las instalaciones, del personal, etc.

$$\text{Productividad} = \frac{\text{Cantidad de productos producidos}}{\text{Unidades empleadas (máquinas, horas trabajadas, etc.)}}$$

En concreto la productividad del trabajo se define como:

$$\text{Productividad del Trabajo} = \frac{\text{Cantidad de productos producidos}}{\text{RRHH (núm. trabajadores, horas efectivas trabajadas, etc.)}}$$

De forma que los costes laborales unitarios dependerán, no solo de la evolución de los salarios, sino también de la productividad:

$$\text{Costes laborales unitarios} = \frac{\text{Salario por trabajador/a (por hora/día/mes/año)}}{\text{Productividad}}$$

Si las personas no están implicadas en la organización, el trabajo que desarrollen no tendrá la suficiente calidad como para que la misma pueda ser eficaz en el logro de sus objetivos, ni que éstos se consigan con la eficiencia y con el nivel de calidad deseados. Dado pues que la implicación del personal tiene un impacto muy significativo en su productividad y, consecuentemente, en los ingresos y costes de la organización, ésta debería poner su máximo interés en tener miembros altamente motivados y satisfechos. Aquí es donde toma protagonismo la Auditoría Sociolaboral al permitir realizar un análisis integral que nos proporcione un diagnóstico de la situación sociolaboral de la organización con la finalidad de proponer acciones de mejora.

2ª.- <u>Desde la perspectiva de la propia organización</u>:

Sin embargo, para las organizaciones el factor humano aparece, como es sabido, en los balances contables no como un activo o como una inversión, sino como un gasto. Y así es valorado por muchas empresas, no ya exclusivamente a efectos contables sino también de facto, es decir, en lugar de valorar a su personal como una fuente de ventaja competitiva, lo contempla como un gasto que hay que amortizar y aprovechar al máximo, incluso en ocasiones con una mínima inversión en su desarrollo.

De nuevo la Auditoría Sociolaboral toma protagonismo al permitir visibilizar a la organización el valor de las personas que la integran y su aportación. Sin duda la auditoría sociolaboral tiene un claro papel estratégico pues proporciona un canal a través del cual visibilizar la contribución de todos los miembros de la organización a los objetivos de la misma o, lo que es lo mismo, a su supervivencia y desarrollo.

2.- CONCEPTOS BÁSICOS DE LA AUDITORÍA SOCIOLABORAL.

La idea de partida, como no podía ser de otra forma, es que las personas que forman parte de cualquier organización (pública, privada, con ánimo de lucro, sin ánimo de lucro, etc.) son su activo y motor más valioso porque, como veíamos, sin las personas el resto de los recursos, no solo no pueden gestionarse por sí solos, sino que tampoco puede hacerse de manera eficaz, eficiente y con un nivel de calidad determinado. Ahora bien, si la organización es capaz de conocer cuál es el valor de las personas como activo y motor será más factible que el factor humano sea considerado no como un coste sino como una inversión.

En este sentido, partiendo de la utilidad de la auditoría sociolaboral al respecto, esta puede entenderse como un método de análisis integral de los recursos humanos y, consecuentemente, de reflexión, que nos ayuda a encontrar soluciones frente a incumplimientos (legales, reglamentarios, convencionales, etc. de aplicación en la organización en el ámbito sociolaboral), frente a inadecuaciones (de los procedimientos, de los procesos y/o de las políticas en el ámbito sociolaboral de la organización), y/o frente a desviaciones (de los objetivos, de los estándares o de los parámetros prefijados por la organización en el ámbito sociolaboral). Y, en última instancia, contribuye a la mejora en la toma de decisiones relativas a la gestión de los aspectos sociolaborales del personal.

A tal fin, la auditoría sociolaboral es un proceso que incluye una gran diversidad de métodos y técnicas, que se nutre de diferentes ámbitos de conocimiento: del derecho, de la psicología, de la sociología, de la economía, entre otros.

2.1.- Concepto de auditoría sociolaboral.

Siguiendo a Chamorro (2013) en esencia la auditoría podemos definirla como la evaluación sistemática, documentada, periódica y objetiva que realiza un/a profesional cualificado/a del cumplimiento de las normas, de los procedimientos o de los objetivos establecidos, bien en la totalidad de una organización o en parte de ella, con el objetivo de proporcionar información útil al grupo de interés para la toma de decisiones.

Al respecto, podemos entender que es <u>sistemática</u> al constituir un conjunto de procedimientos lógicos y organizados que guían al auditor/a en todo el proceso de realización de la auditoría para la emisión de su informe final de manera fiable y contrastada.

Es <u>documentada</u> porque a lo largo de todas las fases y subfases de que consta la auditoría y hasta la emisión del informe final existe trazabilidad (pruebas) de todo el proceso.

Es <u>periódica</u> porque, aunque puede haber auditorías aisladas en momentos concretos de la vida de una organización (en un expediente de regulación de empleo, en una negociación con el personal, en una fusión, etc.), su verdadera potencia es su dinamismo cuando se realiza de forma periódica pues permite comparar los resultados obtenidos en una anterior auditoría junto con los resultados obtenidos con la implementación de su plan de acciones correctoras o de mejora para volver a auditar de nuevo y así conseguir un proceso de mejora continua.

Es <u>objetiva</u> porque el auditor/a no ha de tener intereses partidistas, ha de realizar su trabajo con una actitud totalmente <u>honesta</u>, <u>independiente</u> y <u>neutral</u>. Además, el auditor no busca con su trabajo realizar predicciones, suposiciones o apreciaciones personales o subjetivas, sino obtener **evidencias objetivas de incumplimientos, inadecuaciones y/o desviaciones**.

La auditoría sociolaboral consistirá en una evaluación centrada en lo micro desde lo macro, y ello porque se comienza con una perspectiva de análisis amplía que va reduciendo el objeto hasta encontrar la evidencia objetiva de forma concreta y delimitada.

¿Cuál es la utilidad clave de la auditoría sociolaboral para una organización?

Proporcionar información clave a la organización para la toma de decisiones en relación con las cuestiones sociolaborales. Sin duda, los entornos altamente dinámicos, turbulentos y competitivos en los que se encuentran, sobreviven y compiten las organizaciones hacen que la gestión de la información y del conocimiento que poseen sus miembros sea un factor clave para su éxito, estando por tanto obligadas a realizar una adecuada gestión.

2.2.- Clasificación de auditorías sociolaborales.

2.2.1.- Su realización se deriva de una obligación legal: aquí nos vamos a encontrar exclusivamente dos auditorías sociolaborales: la Auditoría de Prevención de Riesgos Laborales, y la Auditoría Retributiva en los planes de igualdad.

o Auditoría de Prevención de Riesgos Laborales:

El apartado 6 del artículo 30 de la *Ley 31/1995, de 8 de noviembre, de Prevención de Riesgos Laborales* (LPRL) establece que "el empresario que no hubiere concertado el Servicio de prevención con una entidad especializada ajena a la empresa deberá someter su sistema de prevención al control de una auditoría o evaluación externa, en los términos que reglamentariamente se determinen". Este artículo se desarrolla en el Capítulo V sobre Auditorías del *Real Decreto 39/1997, de 17 de enero, por el que se aprueba el Reglamento de los Servicios de Prevención* (RSP), en el que se establece el ámbito de aplicación, el concepto, el contenido, la metodología, el plazo de realización y el informe de la auditoría, así como los requisitos que deben cumplir los/las auditores/as (personas físicas o jurídicas) y la autorización a que están sujetos. Esta auditoría analiza y evalúa la eficacia del sistema de gestión que la empresa aplica en la prevención de riesgos laborales.

En cuanto al **concepto, contenido, metodología y plazo de la auditoría**, el **artículo 30** del Reglamento de los Servicios de Prevención establece que:

*"1. **La auditoría es un instrumento de gestión que persigue reflejar la imagen fiel del sistema de prevención de riesgos laborales de la empresa, valorando su eficacia y detectando las deficiencias que puedan dar lugar a incumplimientos de la normativa vigente para permitir la adopción de decisiones dirigidas a su perfeccionamiento y mejora.***

*2. Para el cumplimiento de lo señalado en el apartado anterior, la **auditoría llevará a cabo un análisis sistemático, documentado y objetivo del sistema de prevención, que incluirá los siguientes elementos**:*

a) Comprobar cómo se ha realizado la evaluación inicial y periódica de los riesgos, analizar sus resultados y verificarlos en caso de duda.

b) Comprobar que el tipo y planificación de las actividades preventivas se ajusta a lo dispuesto en la normativa general, así como a la normativa sobre riesgos específicos que sea de aplicación, teniendo en cuenta los resultados de la evaluación.

c) Analizar la adecuación entre los procedimientos y medios requeridos para realizar las actividades preventivas necesarias y los recursos de que dispone el empresario, propios o concertados, teniendo en cuenta, además, el modo en que están organizados o coordinados, en su caso.

d) En función de todo lo anterior, valorar la integración de la prevención en el sistema general de gestión de la empresa, tanto en el conjunto de sus actividades como en todos los niveles jerárquicos de ésta, mediante la implantación y aplicación del Plan de prevención de riesgos laborales, y valorar la eficacia del sistema de prevención para prevenir, identificar, evaluar, corregir y controlar los riesgos laborales en todas las fases de actividad de la empresa.

A estos efectos se ponderará el grado de integración de la prevención en la dirección de la empresa, en los cambios de equipos, productos y organización de la empresa, en el mantenimiento de instalaciones o equipos y en la supervisión de actividades potencialmente peligrosas, entre otros aspectos.

3. La auditoría deberá ser realizada de acuerdo con las normas técnicas establecidas o que puedan establecerse y teniendo en cuenta la información recibida de los trabajadores.

*Cualquiera que sea el procedimiento utilizado, **la metodología o procedimiento mínimo de referencia deberá incluir, al menos:***

*a) Un **análisis de la documentación** relativa al plan de prevención de riesgos laborales, a la evaluación de riesgos, a la planificación de la actividad preventiva y cuanta otra información sobre la organización y actividades de la empresa sea necesaria para el ejercicio de la actividad auditora.*

*b) Un **análisis de campo** dirigido a verificar que la documentación referida en el párrafo anterior refleja con exactitud y precisión la realidad preventiva de la empresa. Dicho análisis, que podrá realizarse aplicando técnicas de muestreo cuando sea necesario, incluirá la visita a los puestos de trabajo.*

*c) Una **evaluación** de la adecuación del sistema de prevención de la empresa a la normativa de prevención de riesgos laborales.*

*d) Unas **conclusiones** sobre la eficacia del sistema de prevención de riesgos laborales de la empresa.*

*4. La primera auditoría del sistema de prevención de la empresa deberá llevarse a cabo dentro de los **doce meses siguientes al momento en que se disponga de la planificación de la actividad preventiva**.*

***La auditoría deberá ser repetida cada cuatro años,** excepto cuando se realicen actividades incluidas en el anexo I de este real decreto, en que el plazo será de dos años. Estos plazos de revisión se ampliarán en dos años en los supuestos en que la modalidad de organización preventiva de la empresa haya sido acordada con la representación especializada de los trabajadores en la empresa. En todo caso, deberá repetirse cuando así lo requiera la autoridad laboral, previo informe de la Inspección de Trabajo y Seguridad Social y, en su caso, de los órganos técnicos en materia preventiva de las comunidades autónomas, a la vista de los datos de siniestralidad o de otras circunstancias que pongan de manifiesto la necesidad de revisar los resultados de la última auditoría.*

*5. De conformidad con lo previsto en el artículo 18.2 de la Ley 31/1995, de 8 de noviembre, de Prevención de Riesgos Laborales, **el empresario deberá consultar a los trabajadores y permitir su participación en la realización de la auditoría** según lo dispuesto en el capítulo V de la citada Ley.*

*En particular, **el auditor deberá recabar información de los representantes de los trabajadores** sobre los diferentes elementos que, según el apartado 3, constituyen el contenido de la auditoría."*

Destaca también la regulación que el **artículo 31** del Reglamento realiza sobre el **informe de auditoría** que contempla lo siguiente:

*"1. **Los resultados de la auditoría deberán quedar reflejados en un informe que la empresa auditada deberá mantener a disposición de la autoridad laboral competente y de los representantes de los trabajadores.***

*2. **El informe de auditoría deberá reflejar los siguientes aspectos:***

a) Identificación de la persona o entidad auditora y del equipo auditor.

b) Identificación de la empresa auditada.

c) Objeto y alcance de la auditoría.

d) Fecha de emisión del informe de auditoría.

e) Documentación que ha servido de base a la auditoría, incluida la información recibida de los representantes de los trabajadores, que se incorporará al informe.

f) Descripción sintetizada de la metodología empleada para realizar la auditoría y, en su caso, identificación de las normas técnicas utilizadas.

g) Descripción de los distintos elementos auditados y resultado de la auditoría en relación con cada uno de ellos.

h) Conclusiones sobre la eficacia del sistema de prevención y sobre el cumplimiento por el empresario de las obligaciones establecidas en la normativa de prevención de riesgos laborales.

i) Firma del responsable de la persona o entidad auditora.

*3. El contenido del **informe de auditoría deberá reflejar fielmente la realidad verificada en la empresa, estando prohibida toda alteración o falseamiento del mismo.***

*4. **La empresa adoptará las medidas necesarias para subsanar** aquellas **deficiencias** que los resultados de la auditoría hayan puesto de manifiesto y que supongan **incumplimientos** de la normativa sobre prevención de riesgos laborales."*

Finalmente, en cuanto a los **requisitos**, el **artículo 32** del Reglamento señala que:

"*1. La auditoría deberá ser realizada por personas físicas o jurídicas que posean, además, un conocimiento suficiente de las materias y aspectos técnicos objeto de la misma y cuenten con los medios adecuados para ello.*

2. Las personas físicas o jurídicas que realicen la auditoría del sistema de prevención de una empresa no podrán mantener con la misma vinculaciones comerciales, financieras o de cualquier otro tipo, distintas a las propias de su actuación como auditoras, que puedan afectar a su independencia o influir en el resultado de sus actividades.

(...)

3. Cuando la complejidad de las verificaciones a realizar lo haga necesario, las personas o entidades encargadas de llevar a cabo la auditoría podrán recurrir a otros profesionales que cuenten con los conocimientos, medios e instalaciones necesarios para la realización de aquéllas."

Por último, cabe mencionar que el Instituto Nacional de Seguridad e Higiene en el Trabajo dependiente del Ministerio de Trabajo tiene publicados los *Criterios para la realización de las auditorías del sistema de prevención de riesgos laborales reguladas en el Capítulo V del Reglamento de los Servicios de Prevención* que sirven de manera orientativa para abordar tanto los requisitos a controlar como el procedimiento de actuación a seguir.

o <u>Auditoría Retributiva vinculada a los Planes de Igualdad:</u>

Para poder conocer en profundidad en qué consiste exactamente la auditoría retributiva que debe realizarse como parte nuclear de los planes de igualdad, resulta imprescindible realizar un análisis de cómo ha ido evolucionando la normativa de aplicación y cuál es su situación actual. Así, debemos hacer referencia en primera instancia a la *Ley Orgánica 3/2007, de 22 de marzo, para la igualdad efectiva de mujeres y hombres* destacando de la misma los siguientes artículos:

En su **artículo 5** sobre **igualdad de trato y de oportunidades en el acceso al empleo, en la formación y en la promoción profesionales, y en las condiciones de trabajo**, establece que:

*"El principio de igualdad de trato y de oportunidades entre mujeres y hombres, aplicable en el ámbito del empleo privado y en el del empleo público, se garantizará, en los términos previstos en la normativa aplicable, en el acceso al empleo, incluso al trabajo por cuenta propia, en la formación profesional, en la promoción profesional, en las condiciones de trabajo, **incluidas las retributivas** y las de despido, y en la afiliación y participación en las organizaciones sindicales y empresariales, o en cualquier organización cuyos miembros ejerzan una profesión concreta, incluidas las prestaciones concedidas por las mismas."*

Al mismo tiempo, en su **artículo 46** sobre **concepto y contenido de los planes de igualdad de las empresas**, contempla que:

"1. Los planes de igualdad de las empresas son un conjunto ordenado de medidas, adoptadas después de realizar un diagnóstico de situación, tendentes a alcanzar en la empresa la igualdad de trato y de oportunidades entre mujeres y hombres y a eliminar la discriminación por razón de sexo.

Los planes de igualdad fijarán los concretos objetivos de igualdad a alcanzar, las estrategias y prácticas a adoptar para su consecución, así como el establecimiento de sistemas eficaces de seguimiento y evaluación de los objetivos fijados.

*2. Los planes de igualdad contendrán un conjunto ordenado de medidas evaluables dirigidas a remover los obstáculos que impiden o dificultan la igualdad efectiva de mujeres y hombres. **Con carácter previo se elaborará un diagnóstico negociado**, en su caso, con la representación legal de las personas trabajadoras, **que contendrá al menos las siguientes materias**:*

a. Proceso de selección y contratación.

b. Clasificación profesional.

c. Formación.

d. Promoción profesional.

e. Condiciones de trabajo, incluida la auditoría salarial entre mujeres y hombres.

f. Ejercicio corresponsable de los derechos de la vida personal, familiar y laboral.

g. Infrarrepresentación femenina.

h. Retribuciones.

i. Prevención del acoso sexual y por razón de sexo.

La elaboración del diagnóstico se realizará en el seno de la comisión negociadora del Plan de Igualdad, para lo cual, la dirección de la empresa facilitará todos los datos e información necesaria para elaborar el mismo en relación con las materias enumeradas en este apartado, así como los datos del Registro regulados en el artículo 28, apartado 2 del Estatuto de los Trabajadores.

3. Los planes de igualdad incluirán la totalidad de una empresa, sin perjuicio del establecimiento de acciones especiales adecuadas respecto a determinados centros de trabajo.

4. Se crea un Registro de Planes de Igualdad de las Empresas, como parte de los Registros de convenios y acuerdos colectivos de trabajo dependientes de la Dirección General de Trabajo del Ministerio de Trabajo, Migraciones y Seguridad Social y de las Autoridades Laborales de las Comunidades Autónomas.

5. Las empresas están obligadas a inscribir sus planes de igualdad en el citado registro.

6. Reglamentariamente se desarrollará el diagnóstico, los contenidos, las materias, las auditorías salariales, los sistemas de seguimiento y evaluación de los planes de igualdad; así como el Registro de Planes de Igualdad, en lo relativo a su constitución, características y condiciones para la inscripción y acceso."

Dado que la Ley Orgánica para la igualdad efectiva de mujeres y hombres establecía la obligación de los planes de igualdad únicamente para las empresas con más de doscientos cincuenta trabajadores/as, lo que en la práctica suponía que tenía un alcance muy limitado al estar constituido el tejido productivo español fundamentalmente por microempresas y pequeñas y medianas empresas, el *Real Decreto-ley 6/2019, de 1 de marzo, de medidas urgentes para garantía de la igualdad de trato y de oportunidades entre mujeres y hombres en el empleo y la ocupación* supuso un hito muy significativo al establecer la obligación de disponer de planes de igualdad para las empresas con cincuenta o más personas trabajadoras.

Posteriormente, se aprobó el *Real Decreto 901/2020, de 13 de octubre, por el que se regulan los planes de igualdad y su registro y se modifica el Real Decreto 713/2010, de 28 de mayo, sobre registro y depósito de convenios y acuerdos colectivos de trabajo*, del que cabe destacar su **artículo 7** sobre **diagnóstico de situación** y que lo define como:

> *"1. El resultado del proceso de toma y recogida de datos en que el diagnóstico consiste, como primera fase de elaboración del plan de igualdad, va dirigido a identificar y a estimar la magnitud, a través de indicadores cuantitativos y cualitativos, de las desigualdades, diferencias, desventajas, dificultades y obstáculos, existentes o que puedan existir en la empresa para conseguir la igualdad efectiva entre mujeres y hombres. Este diagnóstico permitirá obtener la información precisa para diseñar y establecer las medidas evaluables que deben adoptarse, la prioridad en su aplicación y los criterios necesarios para evaluar su cumplimiento.*
>
> *Un resumen de este análisis y de sus principales conclusiones y propuestas deberá incluirse en un informe que formará parte del plan de igualdad.*
>
> *Con este objetivo, **el diagnóstico se referirá al menos a las siguientes materias**:*
>
> > *a. Proceso de selección y contratación.*
> >
> > *b. Clasificación profesional.*
> >
> > *c. Formación.*
> >
> > *d. Promoción profesional.*
> >
> > *e. Condiciones de trabajo**, incluida la auditoría salarial entre mujeres y hombres de conformidad con lo establecido en el Real Decreto 902/2020, de 13 de octubre, de igualdad retributiva entre mujeres y hombres.***
> >
> > *f. Ejercicio corresponsable de los derechos de la vida personal, familiar y laboral.*
> >
> > *g. Infrarrepresentación femenina.*
> >
> > *h. Retribuciones.*

i. Prevención del acoso sexual y por razón de sexo.

2. El diagnóstico deberá extenderse a todos los puestos y centros de trabajo de la empresa, identificando en qué medida la igualdad de trato y oportunidades entre mujeres y hombres está integrada en su sistema general de gestión, y analizando los efectos que para mujeres y hombres tienen el conjunto de las actividades de los procesos técnicos y productivos, la organización del trabajo y las condiciones en que este se presta, incluida la prestación del trabajo habitual, a distancia o no, en centros de trabajo ajenos o mediante la utilización de personas trabajadoras cedidas a través de contratos de puesta a disposición, y las condiciones, profesionales y de prevención de riesgos laborales, en que este se preste.

El análisis deberá extenderse también a todos los niveles jerárquicos de la empresa y a su sistema de clasificación profesional, incluyendo datos desagregados por sexo de los diferentes grupos, categorías, niveles y puestos, su valoración, su retribución, así como a los distintos procesos de selección, contratación, promoción y ascensos.

3. Para la elaboración del diagnóstico deberá atenderse a los criterios específicos señalados en el anexo."

También su **artículo 8** sobre **contenido mínimo de los planes de igualdad** en el que se indica que:

"*1. Los planes de igualdad, ya sean de carácter obligatorio o voluntario, constituyen un conjunto ordenado de medidas adoptadas después de realizar un diagnóstico de situación, tendentes a alcanzar en la empresa la igualdad de trato y de oportunidades entre mujeres y hombres y a eliminar la discriminación por razón de sexo.*

*2. Los planes de igualdad se estructurarán de la siguiente forma y **tendrán, al menos, el siguiente contenido:***

    a. Determinación de las partes que los conciertan.

    b. Ámbito personal, territorial y temporal.

    c. Informe del diagnóstico de situación de la empresa, o en el supuesto a que se refiere el artículo 2.6 un informe de diagnóstico de cada una de las empresas del grupo.

    d. Resultados de la auditoría retributiva, así como su vigencia y periodicidad en los términos establecidos en el Real Decreto 902/2020, de 13 de octubre, de igualdad retributiva entre mujeres y hombres.

e. Definición de objetivos cualitativos y cuantitativos del plan de igualdad.

f. Descripción de medidas concretas, plazo de ejecución y priorización de las mismas, así como diseño de indicadores que permitan determinar la evolución de cada medida.

g. Identificación de los medios y recursos, tanto materiales como humanos, necesarios para la implantación, seguimiento y evaluación de cada una de las medidas y objetivos.

h. Calendario de actuaciones para la implantación, seguimiento y evaluación de las medidas del plan de igualdad.

i. Sistema de seguimiento, evaluación y revisión periódica.

j. Composición y funcionamiento de la comisión u órgano paritario encargado del seguimiento, evaluación y revisión periódica de los planes de igualdad.

k. Procedimiento de modificación, incluido el procedimiento para solventar las posibles discrepancias que pudieran surgir en la aplicación, seguimiento, evaluación o revisión, en tanto que la normativa legal o convencional no obligue a su adecuación.

3. El plan de igualdad contendrá las medidas que resulten necesarias en virtud de los resultados del diagnóstico, pudiendo incorporar medidas relativas a materias no enumeradas en el artículo 46.2 de la Ley Orgánica 3/2007, de 22 de marzo, como violencia de género, lenguaje y comunicación no sexista u otras, identificando todos los objetivos y las medidas evaluables por cada objetivo fijado para eliminar posibles desigualdades y cualquier discriminación, directa o indirecta, por razón de sexo en el ámbito de la empresa.

4. En todo caso, las medidas de igualdad contenidas en el plan de igualdad deberán responder a la situación real de la empresa individualmente considerada reflejada en el diagnóstico y deberán contribuir a alcanzar la igualdad real entre mujeres y hombres en la empresa."

Finalmente, en su **Anexo** sobre **disposiciones aplicables para la elaboración del diagnóstico** regula que:

"3. Clasificación profesional, retribuciones y auditorías retributivas

La información contenida en este apartado deberá estar desagregada por sexo, conforme a lo establecido en el apartado 1 de este anexo.

a. El diagnóstico deberá realizar una descripción de los sistemas y criterios de valoración de puestos de trabajo, tareas, funciones, y de los sistemas y/o criterios de clasificación profesional utilizados por grupos profesionales, y/o categorías, analizando la posible existencia de sesgos de género y de discriminación directa e indirecta entre mujeres y hombres, conforme a lo dispuesto en el artículo 22 del Estatuto de los Trabajadores.

Asimismo, el diagnóstico analizará la distribución de la plantilla conforme al sistema o criterio utilizado para clasificación profesional utilizado en la empresa.

b. Para realizar el diagnóstico en materia salarial la empresa facilitará todos los datos desagregados por sexo coincidentes con la realidad, relativos tanto al salario base, como complementos, así como a todos y cada uno de los restantes conceptos salariales y extrasalariales, diferenciando las percepciones salariales de las extrasalariales, así como su naturaleza y origen, cruzados a su vez por grupos, categorías profesionales, puesto, tipo de jornada, tipo de contrato y duración, así como cualquier otro indicador que se considere oportuno para el análisis retributivo.

c. El diagnóstico contendrá tanto los datos a los que se refiere el apartado anterior, como su análisis, con el fin de valorar la existencia de desigualdades retributivas y de qué tipo, indicando su posible origen.

Además, deberán ser analizados y recogidos en el diagnóstico los criterios en base a los cuales se establecen los diferentes conceptos salariales.

Los conceptos salariales a los que se refiere el presente apartado incluyen todas y cada una de las percepciones retributivas, sin exclusión alguna, incluidas las retribuciones en especie y cualquiera que sea su naturaleza y origen.

También formarán parte de este diagnóstico el registro retributivo y la auditoría retributiva."

Por último, llegamos al *Real Decreto 902/2020, de 13 de octubre, de igualdad retributiva entre mujeres y hombres* donde encontramos la regulación más específica y concreta al respeto del **registro retributivo y de la auditoría retributiva**. Así, en su **artículo 3** regula el **principio de transparencia retributiva** consistente en:

*"1. A fin de garantizar la aplicación efectiva del principio de igualdad de trato y no discriminación en materia retributiva entre mujeres y hombres, las empresas y los convenios colectivos deberán integrar y aplicar el principio de transparencia retributiva entendido como aquel que, aplicado a los diferentes aspectos que determinan la retribución de las personas trabajadoras y sobre sus diferentes elementos, **permite obtener información suficiente y significativa sobre el valor que se le atribuye a dicha retribución.***

*2. El principio de transparencia retributiva tiene por objeto la **identificación de***
***discriminaciones**, en su caso, **tanto directas como indirectas**, particularmente las debidas a*
incorrectas valoraciones de puestos de trabajo, lo que concurre cuando desempeñado un
trabajo de igual valor de acuerdo con los artículos siguientes, se perciba una retribución
inferior sin que dicha diferencia pueda justificarse objetivamente con una finalidad legítima
y sin que los medios para alcanzar dicha finalidad sean adecuados y necesarios.

*3. **El principio de transparencia retributiva se aplicará**, al menos, a través de los*
*instrumentos regulados en el presente real decreto: los registros retributivos, **la auditoría***
***retributiva**, el sistema de valoración de puestos de trabajo de la clasificación profesional*
contenida en la empresa y en el convenio colectivo que fuera de aplicación y el derecho de
información de las personas trabajadoras."

En este sentido, en su **artículo 4** establece **la obligación de igual retribución por**
trabajo de igual valor en consonancia además con lo que ya nos dice el Estatuto
de los Trabajadores:

"1. El principio de igual retribución por trabajo de igual valor en los términos establecidos
en el artículo 28.1 del Estatuto de los Trabajadores vincula a todas las empresas,
independientemente del número de personas trabajadoras, y a todos los convenios y acuerdos
colectivos.

2. Conforme al artículo 28.1 del Estatuto de los Trabajadores, un trabajo tendrá igual valor
que otro cuando la naturaleza de las funciones o tareas efectivamente encomendadas, las
condiciones educativas, profesionales o de formación exigidas para su ejercicio, los factores
estrictamente relacionados con su desempeño y las condiciones laborales en las que dichas
actividades se llevan a cabo en realidad sean equivalentes:

> *a. Se entiende por naturaleza de las funciones o tareas el contenido esencial de la relación*
> *laboral, tanto en atención a lo establecido en la ley o en el convenio colectivo como en*
> *atención al contenido efectivo de la actividad desempeñada.*

> *b. Se entiende por condiciones educativas las que se correspondan con cualificaciones*
> *regladas y guarden relación con el desarrollo de la actividad.*

> *c. Se entiende por condiciones profesionales y de formación aquellas que puedan servir*
> *para acreditar la cualificación de la persona trabajadora, incluyendo la experiencia o*
> *la formación no reglada, siempre que tenga conexión con el desarrollo de la actividad.*

d. Se entiende por condiciones laborales y por factores estrictamente relacionados con el desempeño, aquellos diferentes de los anteriores que sean relevantes en el desempeño de la actividad.

3. A tales efectos, podrán ser relevantes, entre otros factores y condiciones, con carácter no exhaustivo, la penosidad y dificultad, las posturas forzadas, los movimientos repetitivos, la destreza, la minuciosidad, el aislamiento, la responsabilidad tanto económica como relacionada con el bienestar de las personas, la polivalencia o definición extensa de obligaciones, las habilidades sociales, las habilidades de cuidado y atención a las personas, la capacidad de resolución de conflictos o la capacidad de organización, en la medida en que satisfagan las exigencias de adecuación, totalidad y objetividad a que se refiere el apartado siguiente en relación con el puesto de trabajo que valoran.

4. Una correcta valoración de los puestos de trabajo requiere que se apliquen los criterios de adecuación, totalidad y objetividad. La adecuación implica que los factores relevantes en la valoración deben ser aquellos relacionados con la actividad y que efectivamente concurran en la misma, incluyendo la formación necesaria. La totalidad implica que, para constatar si concurre igual valor, deben tenerse en cuenta todas las condiciones que singularizan el puesto del trabajo, sin que ninguna se invisibilice o se infravalore. La objetividad implica que deben existir mecanismos claros que identifiquen los factores que se han tenido en cuenta en la fijación de una determinada retribución y que no dependan de factores o valoraciones sociales que reflejen estereotipos de género."

En cuanto al registro retributivo previo a la auditoría retributiva, en el **artículo 5** sobre **normas generales sobre el registro retributivo** encontramos que:

*"1. De conformidad con lo establecido en el artículo 28.2 del Estatuto de los Trabajadores, **todas las empresas deben tener un registro retributivo de toda su plantilla, incluido el personal directivo y los altos cargos.** Este registro tiene por objeto garantizar la transparencia en la configuración de las percepciones, de manera fiel y actualizada, y un adecuado acceso a la información retributiva de las empresas, al margen de su tamaño, mediante la elaboración documentada de los datos promediados y desglosados.*

*2. El registro retributivo deberá incluir los **valores medios de los salarios, los complementos salariales y las percepciones extrasalariales de la plantilla desagregados por sexo y** distribuidos conforme a lo establecido en el artículo 28.2 del Estatuto de los Trabajadores.*

*A tales efectos, deberán establecerse en el registro retributivo de cada empresa, convenientemente desglosadas por sexo, la media aritmética y la mediana de lo realmente **percibido por cada uno de estos conceptos en cada grupo profesional, categoría profesional, nivel, puesto o cualquier otro sistema de clasificación aplicable.** A su vez, esta información deberá estar desagregada en atención a la naturaleza de la retribución, incluyendo salario base, cada uno de los complementos y cada una de las percepciones extrasalariales, especificando de modo diferenciado cada percepción."*

Finalmente, en cuanto al **registro retributivo de las empresas con auditoría retributiva**, el **artículo 6** nos dice que:

*"**Las empresas que lleven a cabo auditorías retributivas** en los términos establecidos en la sección siguiente de este capítulo **tendrán un registro retributivo con las siguientes peculiaridades** respecto del artículo 5.2:*

a. El registro deberá reflejar, además, las medias aritméticas y las medianas de las agrupaciones de los trabajos de igual valor en la empresa, conforme a los resultados de la valoración de puestos de trabajo descrita en los artículos 4 y 8.1.a) aunque pertenezcan a diferentes apartados de la clasificación profesional, desglosados por sexo y desagregados conforme a lo establecido en el citado artículo 5.2.

*b. **El registro deberá incluir la justificación** a que se refiere el artículo 28.3 del Estatuto de los Trabajadores, **cuando la media aritmética o la mediana de las retribuciones totales en la empresa de las personas trabajadoras de un sexo sea superior a las del otro en, al menos, un veinticinco por ciento.**"*

Entrando de lleno en la **auditoría retributiva**, el **artículo 7** del citado Real Decreto 902/2020 la define de forma que:

*"1. **Las empresas que elaboren un plan de igualdad deberán incluir en el mismo una auditoría retributiva**, de conformidad con el artículo 46.2.e) de la Ley Orgánica 3/2007, de 22 de marzo, para la igualdad efectiva de mujeres y hombres, previa la negociación que requieren dichos planes de igualdad. **La auditoría retributiva tiene por objeto obtener la información necesaria para comprobar si el sistema retributivo de la empresa, de manera transversal y completa, cumple con la aplicación efectiva del principio de igualdad entre mujeres y hombres en materia de retribución.** Asimismo, deberá permitir definir las*

necesidades para evitar, corregir y prevenir los obstáculos y dificultades existentes o que pudieran producirse en aras a garantizar la igualdad retributiva, y asegurar la transparencia y el seguimiento de dicho sistema retributivo.

*2. La auditoría retributiva **tendrá la vigencia del plan de igualdad del que forma parte, salvo que se determine otra inferior** en el mismo."*

Así, el **contenido de la auditoría retributiva** consistirá en (**artículo 8**):

*1. **La auditoría retributiva implica las siguientes obligaciones para la empresa:***

*a) **Realización del diagnóstico de la situación retributiva en la empresa**. El diagnóstico requiere:*

1.º La evaluación de los puestos de trabajo teniendo en cuenta lo establecido en el artículo 4, tanto con relación al sistema retributivo como con relación al sistema de promoción.

La valoración de puestos de trabajo tiene por objeto realizar una estimación global de todos los factores que concurren o pueden concurrir en un puesto de trabajo, teniendo en cuenta su incidencia y permitiendo la asignación de una puntuación o valor numérico al mismo. Los factores de valoración deben ser considerados de manera objetiva y deben estar vinculados de manera necesaria y estricta con el desarrollo de la actividad laboral.

La valoración debe referirse a cada una de las tareas y funciones de cada puesto de trabajo de la empresa, ofrecer confianza respecto de sus resultados y ser adecuada al sector de actividad, tipo de organización de la empresa y otras características que a estos efectos puedan ser significativas, con independencia, en todo caso, de la modalidad de contrato de trabajo con el que vayan a cubrirse los puestos.

2.º La relevancia de otros factores desencadenantes de la diferencia retributiva, así como las posibles deficiencias o desigualdades que pudieran apreciarse en el diseño o uso de las medidas de conciliación y corresponsabilidad en la empresa, o las dificultades que las personas trabajadoras pudieran encontrar en su promoción profesional o económica derivadas de otros factores como las actuaciones empresariales discrecionales en materia de movilidad o las exigencias de disponibilidad no justificadas.

*b) **Establecimiento de un plan de actuación para la corrección de las desigualdades retributivas, con determinación de objetivos, actuaciones concretas, cronograma y persona o personas responsables de su implantación y seguimiento. El plan de actuación deberá*** *contener un sistema de seguimiento y de implementación de mejoras a partir de los resultados obtenidos.*

2. A los efectos de valoración de los puestos de trabajo, serán de aplicación aquellos sistemas analíticos que garanticen el cumplimiento de los objetivos y exigencias establecidos en el presente artículo y de manera específica los criterios descritos en el artículo 4."

Por último, cabe destacar la **disposición adicional cuarta** del Real Decreto 902/2020 en la que se regula que al **personal laboral al servicio de las administraciones públicas** le resultará de aplicación también lo previsto en el reglamento, si bien con las peculiaridades establecidas en su legislación específica.

Por otra parte, cabe señalar que en el ámbito de la Comunidad Valenciana resultan también de aplicación la *Ley 9/2003, de 2 de abril, para la igualdad entre mujeres y hombres* y el *Decreto 133/2007, de 27 de julio, del Consell que regula las condiciones y requisitos para el visado de los Planes de Igualdad de las Empresas de la Comunitat Valenciana.*

2.2.2.- Según el vínculo del auditor/a con la organización que ha de auditar:

o Auditoría externa:

El/la auditor/a es un/a profesional que no forma parte integrante de la organización que audita, es decir, el único vínculo con la entidad que va a auditar será el contrato de prestación de servicios para la realización de la auditoría. Esta situación de neutralidad es lo que garantiza su independencia, constituyendo el elemento nuclear para la objetividad en su informe final (y en el informe parcial en su caso). Estamos por tanto ante la auditoría más objetiva. Quedaría dentro de la auditoría sociolaboral externa, por ejemplo, la auditoría de prevención de riesgos laborales.

o Auditoría interna:

El/la auditor/a forma parte integrante de la organización que audita, es decir, mantiene una relación laboral con la empresa que ha de auditar. En este caso, la auditoría sociolaboral la realiza la persona responsable del área de recursos humanos. En todo caso, una persona experta en el ámbito sociolaboral de la propia organización. Se trata por tanto de la auditoría más subjetiva.

o Auditoría intermedia:

Esta auditoría está en un nivel intermedio entre las dos anteriores pues es realizada por el departamento de auditoría de la propia empresa (es parte integrante de los sistemas de control interno de la entidad), siempre que este departamento funcione como un órgano staff dependiente exclusivamente de la alta dirección o gerencia, es decir, la situación ideal se produce cuando solo tiene relación con el más alto nivel del organigrama y está exento de cualquier otra responsabilidad operativa.

2.2.3.- Según la naturaleza de la organización que se audita:

o Auditoría privada:

Cuando la entidad que se audita pertenece al sector privado: sociedad anónima, sociedad limitada, cooperativa, organización no gubernamental, asociación, etc.

o Auditoría pública:

Cuando la entidad que se audita pertenece al sector público. Al respecto, el sector público comprende (Ley 40/2015, de 1 de octubre, de Régimen Jurídico del Sector Público):

a) La Administración General del Estado.

b) Las Administraciones de las Comunidades Autónomas.

c) Las Entidades que integran la Administración Local.

d) El sector público institucional.

El sector público institucional se integra por:

a) Cualesquiera organismos públicos y entidades de derecho público vinculados o dependientes de las Administraciones Públicas.

b) Las entidades de derecho privado vinculadas o dependientes de las Administraciones Públicas que quedarán sujetas a lo dispuesto en las normas de esta Ley que específicamente se refieran a las mismas, en particular a los principios previstos en el artículo 3, y en todo caso, cuando ejerzan potestades administrativas.

c) Las Universidades públicas que se regirán por su normativa específica y supletoriamente por las previsiones de la presente Ley.

Tienen la consideración de Administraciones Públicas la Administración General del Estado, las Administraciones de las Comunidades Autónomas, las Entidades que integran la Administración Local, así como los organismos públicos y entidades de derecho público previstos en la letra a) anterior.

2.2.4.- Según el alcance de la auditoría:

o Auditoría integral:

La auditoría abarca al conjunto de los miembros de la organización que conforman el ámbito sociolaboral. Este tipo de auditoría suele realizarse cuando la organización está ante una situación que afecta a la totalidad, esto es, a título de ejemplo: expedientes de regulación de empleo, compra-venta, alto índice de rotación, absentismo generalizado, baja productividad, alta conflictividad, nuevo inversor, fusión, absorción, etc. O cuando el alcance del problema a resolver no está delimitado por lo que resulta imprescindible para su solución un análisis integral que permita acotarlo.

o   Auditoría parcial:

La auditoría se realiza respecto de una parte concreta de la organización, es decir, afecta a una parte del ámbito sociolaboral de la entidad auditada: un área funcional, una sección del área funcional, un protocolo de trabajo, un proceso de trabajo, una política de recursos humanos, un puesto de trabajo, etc.

2.2.5.- Según la obligatoriedad de la auditoría:

o   Auditoría obligatoria:

Su realización resulta obligatoria para la entidad con motivo de una exigencia legal. Aquí encontramos la auditoría de prevención de riesgos laborales y la auditoría retributiva en los planes de igualdad como se vio.

o   Auditoría voluntaria:

La realización de la auditoría es una decisión voluntaria directamente de los niveles más altos de la propia organización, o de la persona responsable de los recursos humanos (con la autorización de la organización). Aquí se engloban el resto de auditorías sociolaborales como, a título enunciativo: la auditoría sociolaboral de administración de personal, la auditoría sociolaboral de conflictividad laboral, la auditoría sociolaboral de negociación colectiva, la auditoría sociolaboral de formación, la auditoría sociolaboral de clima, la auditoría sociolaboral de reclutamiento y selección, la auditoría sociolaboral de cultura organizativa, la auditoría sociolaboral de comunicación, la auditoría sociolaboral de satisfacción del personal, entre otras.

AUDITORÍAS SOCIOLABORALES	
OBLIGATORIAS	**VOLUNTARIAS**
Auditoría de Prevención de Riesgos Laborales Auditoría Retributiva en los Planes de Igualdad	Auditoría de Administración de Personal Auditoría de Conflictividad Laboral Auditoría de Negociación Laboral Auditoría de Responsabilidad Social Auditoría de Comunicación Auditoría de Formación Auditoría de Clima Laboral Auditoría de Reclutamiento y Selección Auditoría de Cultura Organizativa Auditoría de Satisfacción Laboral Etc.

Fuente: Elaboración propia.

2.2.6.- Según la periodicidad de la auditoría:

o   Auditoría periódica:

Como se vio es el escenario ideal, esto es, realizarla periódicamente: con carácter anual, bianual, trianual, etc. Sin embargo, solo existe periodicidad obligatoria respecto de las auditorías obligatorias: la auditoría de prevención de riesgos laborales y la auditoría retributiva vinculada al plan de igualdad como se ha comentado anteriormente. El resto de las auditorías no obligatorias se realizarán con la periodicidad que se determine por quien/es tomen la decisión de llevarla a cabo.

o Auditoría extraordinaria:

Cuando la auditoría se realiza exclusivamente de forma excepcional por un motivo concreto: expediente de regulación de empleo, fusión, absorción, etc.

2.2.7.- Según su finalidad:

o Auditoría de cumplimiento normativo:

Su finalidad será verificar que la entidad en cuestión cumple con las normas legales y convencionales, acuerdos, etc. que le resulten de aplicación:

.- Auditoría de Administración de Personal: su objetivo es verificar que la entidad cumple con las normas que le resulten de aplicación derivadas de las relaciones laborales que mantiene con sus miembros (Ley del Estatuto de los Trabajadores, convenio colectivo que resulte de aplicación, Ley General de la Seguridad Social, entre otras). Su finalidad será prevenir sanciones administrativas que de oficio pudiera emitir la autoridad laboral por incumplimientos detectados o por denuncias ante la Inspección de Trabajo y Seguridad Social (del personal, de los órganos de representación del personal unitarios y/o sindicales, de terceros, etc.), así como las posibles consecuencias derivadas de sentencias dictadas con motivo de demandas judiciales del personal, de sus representantes legales, etc. También cuando se disfruta de recursos públicos y debe justificarse su utilización (subvenciones públicas, etc.).

.- Auditoría de Prevención de Riesgos Laborales: su objetivo es reflejar la imagen fiel del sistema de prevención de riesgos laborales de la empresa, valorando su eficacia y detectando las deficiencias que puedan dar lugar a incumplimientos de la normativa vigente para permitir la adopción de decisiones dirigidas a su perfeccionamiento y mejora. Esta auditoría contribuye también a prevenir sanciones administrativas que de oficio pudiera emitir la autoridad laboral por incumplimientos detectados o por denuncias ante la Inspección de Trabajo y Seguridad Social (del personal, de los órganos de representación del personal unitarios y/o sindicales, de terceros, etc.) en materia de prevención de riesgos laborales, así como las posibles consecuencias derivadas de sentencias condenatorias por incumplimientos en riesgos laborales que hayan sido causa de accidentes de trabajo o enfermedades profesionales (tanto en la jurisdicción social, como penal, como civil).

.- Auditoría Retributiva derivada del Plan de Igualdad: la auditoría retributiva tiene por objeto obtener la información necesaria para comprobar si el sistema retributivo de la empresa (empresas de 50 o más empleados/as, incluido el personal laboral de la Administración Pública), de manera transversal y completa, cumple con la aplicación efectiva del principio de igualdad entre mujeres y hombres en materia de retribución. Asimismo, deberá permitir definir las necesidades para evitar, corregir y prevenir los obstáculos y dificultades existentes o que pudieran producirse en aras a garantizar la igualdad retributiva, y asegurar la transparencia y el seguimiento de dicho sistema retributivo. Esta auditoría contribuye también a prevenir sanciones administrativas que de oficio pudiera emitir la autoridad laboral por incumplimientos detectados o por denuncias ante la Inspección de Trabajo y Seguridad Social (del personal, de los órganos de representación del personal unitarios y/o sindicales, de terceros, etc.), o por posibles sentencias condenatorias en materia de discriminación entre hombres y mujeres en materia retributiva.

o Auditoría de eficacia-eficiencia-calidad:

Su finalidad será comprobar que los procedimientos, los procesos y las prácticas aplicadas en el ámbito sociolaboral de la organización funcionan adecuadamente, es decir, que los resultados se corresponden con los objetivos (eficacia), que los resultados se consiguen al menor coste (eficiencia), y que la calidad de los resultados es la esperada (calidad).

o Auditoría estratégica:

Evalúa la coherencia y la adaptación de las políticas de recursos humanos a la estrategia global de la empresa. Para poder llevar a cabo esta auditoría resulta imprescindible pues que la organización en cuestión tenga definida tanto la estrategia corporativa como la estrategia funcional, así como los objetivos asociados a cada una.

2.3.- El auditor y el auditor sociolaboral.

2.3.1.- Evolución del concepto.

El origen etimológico de la palabra es el verbo latino "audire" que significa "oír". Esta denominación proviene de su origen histórico pues los primeros auditores ejercían su función juzgando la verdad o falsedad de lo que les era sometido a su verificación principalmente oyendo.

El auditor que conocemos hoy en día nace con la Revolución Industrial coincidiendo con la aparición de las primeras sociedades anónimas, produciéndose un cambio sustancial en las empresas al pasar de la propiedad unipersonal a la multipropiedad de diferentes propietarios o accionistas. Con este nuevo modelo empresarial la propiedad y la dirección están en manos distintas: los accionistas delegan la dirección de la empresa en gerentes, haciéndose necesario sistematizar el control de forma que los diferentes propietarios pudieran verificar la actuación de los gerentes y comprobar que la información económica suministrada por los mismos era veraz y reflejaba fielmente la situación patrimonial de la empresa. Este control, lógicamente, está dirigido a prevenir, evitar y detectar fraudes y errores (Chamorro, 2013).

En la actualidad, si bien la figura del auditor/a sociolaboral no está regulada por ninguna norma ni en España ni en el ámbito europeo, podemos entender en todo caso que se trata de un/a profesional experto/a en la materia que ha de auditar que analiza, evalúa y verifica, bien el cumplimiento de la normativa (en su concepción más amplia) que resulte de aplicación en el ámbito sociolaboral de la organización, bien las inadecuaciones de los procedimientos y/o procesos de trabajo y/o las políticas de gestión de los recursos humanos de la organización, bien las desviaciones de los objetivos, los estándares y/o los parámetros prefijados por la organización para su cumplimiento.

El concepto de auditoría y el desarrollo del perfil del auditor/a ha ido a la par. Así, se ha pasado de unos inicios en los que su único propósito era controlar el uso de los recursos, a la actualidad donde se pretende analizar y evaluar no solo la eficacia y la eficiencia sino también la calidad. Es por ello por lo que el/la auditor/a ha pasado de tener un rol exclusivamente de "controller" a ser considerado/a, además, como un "adviser", de manera que en su informe final identificará también aquellos aspectos del ámbito sociolaboral de la organización que están contribuyendo a que esta entre en un proceso de mejora continua y excelencia.

Siguiendo a Fuentes, Veroz y Morales (2005) la auditoría sociolaboral ha ido evolucionando a través de diferentes etapas:

> ➤ <u>Auditoría sociolaboral incipiente (hasta 1985)</u>: el objetivo en esta etapa es la de control, sin bien un control restringido al ámbito de la legalidad. Para ello el horizonte de estudio se focaliza en el pasado al realizarse una revisión histórica documental. Así, en esta etapa se utiliza un enfoque cerrado y estático, es decir, se analiza la empresa sin considerar el exterior ni los cambios del entorno. El resultado es un informe de cumplimientos/incumplimientos.

> ➤ <u>Auditoría sociolaboral tradicional (1985-1995)</u>: el objetivo en esta etapa es la medición y mejora de la eficiencia en la gestión de los recursos humanos, de forma que el ámbito pasa a ser, además de legal, también económico. A

tal fin, el horizonte de estudio se centra en el presente con la revisión del funcionamiento actual y su comparación con el pasado. Así, en esta etapa se utiliza un enfoque abierto y dinámico dado que se analiza el funcionamiento de la empresa en comparación con los competidores. El resultado es un informe de medición de la proporcionalidad entre los recursos consumidos y los resultados obtenidos.

➢ Auditoría sociolaboral ampliada (desde 1995): el objetivo en esta última etapa es la estrategia y la adecuación de los recursos humanos a los objetivos de la empresa. Consecuentemente, el ámbito se amplía, sin prescindir del legal y del económico, al estratégico. De esta forma el horizonte de estudio pasa a ser el futuro puesto que en el ámbito estratégico resulta imprescindible conocer cuáles son los recursos gestionados y sus capacidades presentes en comparación con las capacidades necesarias a futuro. Al ampliarse al ámbito estratégico, el enfoque, además de ser abierto y dinámico, presenta una elevada incertidumbre dado que se analiza el funcionamiento de la empresa en comparación con el futuro que la organización ha previsto.

2.3.2.- El perfil del auditor/a.

En cuanto a su formación académica, resulta evidente que, tratándose de una profesión multidisciplinar, serán competentes diferentes formaciones universitarias como el Grado en Relaciones Laborales y Recursos Humanos (y sus titulaciones precedentes: Diplomatura en Graduado Social, Diplomatura en Relaciones Laborales, Licenciatura en Ciencias del Trabajo), el Grado en Derecho, el Grado en Sociología, el Grado en Psicología, el Grado en Económicas, el Grado en Administración y Dirección de Empresa, entre otros. Así mismo, para el caso específico de la auditoría de prevención de riesgos laborales será requisito imprescindible disponer del Máster universitario en Prevención de Riesgos Laborales.

También será muy recomendable disponer de formación complementaria en relación con la dirección y gestión de los recursos humanos, la elaboración de contratos de trabajo, nóminas y demás documentación relacionada con la formalización y gestión de la relación laboral, en el manejo de aplicaciones informativas (paquete office, programas de análisis estadístico, programas de análisis del discurso, etc.), incluso el conocimiento de idiomas dado que es posible tener que realizar una auditoría en una organización donde el idioma sea diferente a la lengua materna. Así mismo, resulta muy recomendable tener formación relacionada con la aplicación de técnicas cualitativas (realización de entrevistas, dinámicas grupales, etc.), y la aplicación de técnicas cuantitativas (elaboración de cuestionarios, análisis estadístico o numérico, etc.).

Más allá de la formación académica y complementaria, el perfil del auditor/a debe presentar ciertas habilidades como:

✓ *Adaptabilidad*: ha de ser capaz de modificar la conducta cuando surgen dificultades o se producen cambios que pueden influir en el trabajo desarrollado.

✓ *Análisis de problemas* (incluido el análisis numérico): para poder resolver cualquier problema resulta imprescindible delimitar el problema, identificar sus causas, identificar la información necesaria para su solución gestionando adecuadamente la información de carácter numérico, y aplicar la solución.

✓ *Aprendizaje*: sin duda cada organización comporta una auditoría sociolaboral propia, aun tratándose del mismo tipo de auditoría sociolaboral, puesto que cada organización tiene su propio marco normativo de aplicación, sus propios procedimientos, procesos y políticas, y sus propios objetivos, estándares y/o parámetros a alcanzar. Es por ello por lo que el auditor/a debe ser capaz de analizar nueva información con la finalidad de evaluar relaciones causa-efecto.

✓ *Atención al detalle*: como decíamos con anterioridad la auditoría se desarrolla desde lo macro hasta lo micro, por lo que ser capaz de no perderse en las generalidades y llegar al más mínimo detalle constituye la esencia misma del trabajo de auditoría.

✓ *Comunicación*: otra habilidad fundamental está constituida por la comunicación en su más amplia expresión: comunicación escrita, comunicación verbal, comunicación no verbal, dominio de los medios audiovisuales, escucha activa.

✓ *Decisión*: el auditor/a deberá tomar decisiones a lo largo de todo el proceso de auditoría hasta la emisión de su informe final, eligiendo entre varias opciones, y asumiendo en última instancia las responsabilidades que se deriven de sus decisiones.

✓ *Flexibilidad*: ha de tener la capacidad de adaptarse a las situaciones e informaciones cambiantes que puedan producirse a lo largo del proceso de auditoría con la finalidad de cumplir con los objetivos de la misma.

✓ *Innovación*: dado que como hemos comentado cada organización comporta una auditoría sociolaboral propia, aun tratándose del mismo tipo de auditoría sociolaboral, ello implica que a la hora de proponer el Plan de acciones correctoras o de mejoras el/la auditor/a debe ser capaz de encontrar soluciones creativas, diferentes y adaptadas a las necesidades de cada organización.

✓ *Resolución*: ser capaz de dar solución a los problemas producidos en el desarrollo del proceso de auditoría siempre que dependan de forma exclusiva del auditor/a, así como concretar un plan de acciones correctoras o de mejoras que resuelvan los incumplimientos, las inadecuaciones y/o las desviaciones encontradas.

✓ *Sentido de la urgencia*: saber priorizar adecuadamente los incumplimientos y/o las desviaciones aplicando el Árbol de Evidencias Objetivas (ver página 60).

✓ *Tolerancia al estrés*: indistintamente de que la auditoría sea realizada por un auditor/a interno o externo lo bien cierto es que se habrá establecido por la Dirección un plazo de entrega del informe final, por lo que será fundamental que el auditor/a gestione adecuadamente la presión del tiempo, así como aquella presión que le pueda venir por problemas en el proceso de auditoría no previstos, de manera que pueda seguir desarrollando la auditoría de manera eficaz y eficiente para cumplir con los objetivos previstos en la misma.

Cuando la auditoría es desarrollada por un equipo auditor, además de las anteriores habilidades, el/la auditor/a que lidere al equipo deberá ser capaz de:

✓ Dirigir y gestionar las reuniones del equipo.

✓ Participar activa y eficazmente en las reuniones con la finalidad de alcanzar los objetivos de la auditoría.

✓ Fomentar la participación de todos los auditores/as para no dejar cabos sueltos sin resolver.

✓ Fomentar la cooperación entre los miembros del equipo auditor para la consecución de los objetivos de la auditoría dentro del plan previsto y comprometido con la organización.

Finalmente, en la realización de la auditoría el/la auditor/a debe actuar con:

• Independencia, es decir, el auditor/a actúa con plena libertad de criterio profesional, libre de cualquier prejuicio que limite su imparcialidad en la consideración objetiva de los hechos, así como en la formulación de sus conclusiones.

- Integridad, esto es, mantener una actitud intachable en el ejercicio de la profesión, incluida la honradez profesional.

- Objetividad, sin duda el/la auditor/a debe realizar su trabajo de manera neutra, sin entrar en suposiciones, especulaciones o cualquier aspecto subjetivo.

- Diligencia profesional, que supone realizar la auditoría desde un análisis crítico de la realidad auditada, cumpliendo los criterios en el proceso de auditoría y las normas establecidas para el caso de las auditorías obligatorias (auditoría de prevención de riesgos laborales y auditoría retributiva en los planes de igualdad), realizando la auditoría dentro de su capacidad profesional, y estableciendo un sistema de seguimiento y control del proceso en la realización de la auditoría.

- Secreto profesional, esto es, el/la auditor/a debe mantener una confidencialidad absoluta respecto de la información adquirida en el proceso de la auditoría. Velando además por la confidencialidad de sus colaboradores o ayudantes, en su caso. Así mismo, la información obtenida en el transcurso de la realización de la auditoría no podrá ser utilizada en su provecho ni en el de terceras personas más allá de la auditoría en virtud de la cual dispone de la información en cuestión y con la finalidad en virtud de la cual le fue facilitada por la organización auditada.

2.4.- Principales dificultades en el desarrollo de una auditoria sociolaboral:

La auditoría sociolaboral es una técnica de aplicación compleja en cualquier organización. Al margen de los recelos y desconfianzas que suele generar en el personal por sí mismo el propio término de "auditoría", siguiendo a Chamorro (2013) nos encontramos con que:

➢ No existe una concepción más o menos única y aceptada de manera general de lo que es una auditoría sociolaboral.

➢ Cualquier proceso de análisis y evaluación implica la necesidad de cuantificar. En el área de personal de cualquier organización no suele haber una tradición de medición, por lo que se incrementa la complejidad.

➢ La auditoría sociolaboral exige que haya unos parámetros o estándares prefijados para realizar comparaciones. Este es seguramente el principal problema porque tampoco hay en las empresas este hábito en el área de RRHH.

➢ El propio departamento de recursos humanos puede ser reticente a realizar una auditoría sociolaboral. De ahí que haya que entender y hacer ver que se trata de una actividad preventiva, proactiva, constructiva y de aprendizaje, no sólo un sistema de control: la implicación del departamento desde el primer momento, su voluntad de colaboración y una comunicación adecuada juegan un papel fundamental en este caso.

➢ A la hora de obtener e interpretar la información tendremos fuentes cuantitativas (más fáciles de interpretar y más objetivas), pero también cualitativas (con un mayor grado de subjetividad).

2.5.- Objetivos de la auditoría:

✓ El principal objetivo es proporcionar información clave para la toma de decisiones a la Dirección de la organización en relación con la gestión del ámbito sociolaboral de la organización.

✓ Adoptar un enfoque proactivo frente a la resolución de problemas detectando anticipadamente, bien incumplimientos de las cuestiones normativas que sean de aplicación en el ámbito sociolaboral de la organización, bien inadecuaciones de los procedimientos, los procesos y/o las políticas del ámbito sociolaboral en la organización, bien desviaciones de los objetivos, los estándares y/o los parámetros prefijados por la organización que impidan en última instancia que la misma entre en un proceso de mejora continua y excelencia.

✓ Mejora por parte de la organización, bien de las cuestiones normativas que le resulten de aplicación en el ámbito sociolaboral, bien de los procedimientos, los procesos y/o las políticas del ámbito sociolaboral, bien de los objetivos, los estándares y/o los parámetros prefijados.

2.6.- Beneficios de la auditoría:

A continuación, señalamos algunos de los beneficios que aporta la realización de la auditoría sociolaboral sin pretender que sea una lista limitativa o exclusiva:

- Evidencia y cuantifica la contribución del personal a la organización para su manteniendo y desarrollo en el mercado competitivo de bienes y servicios.

- Fomenta que las personas responsables de la gestión de equipos de trabajo sean más conscientes de las contribuciones de sus equipos a la organización, actuando como mecanismo frente a falsos logros individuales.

- Detecta los procedimientos, los procesos y las políticas en el área sociolaboral de la organización óptimos para alcanzar un proceso de mejora continua y excelencia y, consecuentemente, cuáles se han de potenciar.

- Propicia el cambio en el conjunto de la organización.

- Sitúa al Departamento de Personal (de Recursos Humanos, de Gestión de Personas, etc.) en una mejor posición en la organización al ser visto, no sólo como proveedor de servicios, sino también como un área que contribuye de manera nuclear a que el proceso de mejora continua y excelencia sea posible en la organización.

- Dota de mayor credibilidad al trabajo desarrollado por el Departamento de Personal (de Recursos Humanos, de Gestión de Personas, etc.).

Han sido diversos los autores y las autoras que han indicado además otros muchos beneficios, por lo que nos remitimos a ellos para aquellas personas que desean ampliar este contenido: Wherter y Davis, 1990; De la Poza, 1993; Dolan, Shuler y Valle, 1999; López-Cela, 2001; Vázquez-Bonome y García, 2003; Fuentes, Veroz y Morales, 2005; Sanz, 2006; Chamorro, 2013; Lado, 2013; Calvo y Rodríguez, 2014; Del Bas, Calvo y García, 2015.

Actividades:

1ª.- Qué documentación e información debe solicitar el/la auditor/a sociolaboral para el caso de una auditoría retributiva en una empresa con 100 empleados/as que se dedica al sector de grandes almacenes.

2ª.- Qué documentación e información debe solicitar el/la auditor/a sociolaboral en el caso de una auditoría sociolaboral de cumplimiento en relación con la administración de personal en una empresa con 40 empleados/as que se dedica a la educación primaria concertada.

3.- EL MARCO REGULADOR: CRITERIOS APLICABLES A LA AUDITORÍA SOCIOLABORAL.

Dado que hoy por hoy no existe una regulación normativa específica que regule la auditoría sociolaboral (a excepción de las auditorías obligatorias que vimos: la auditoría de prevención de riesgos laborales y la auditoría retributiva en los planes de igualdad), ha de partirse de los **criterios** en los que se basará el/la auditor/a sociolaboral a la hora de llevar a cabo el proceso de la auditoría. Así, nos encontramos con:

1.- Criterios a tener en cuenta antes de comenzar con el proceso de realización de la auditoría.

2.- Criterios a seguir en el desarrollo del proceso de la auditoría.

3.1.- Criterios a tener en consideración antes de comenzar con el proceso de realización de la auditoría.

3.1.1.- Criterios en relación con el/la auditor/a sociolaboral:

- Código ético: como mencionamos en un apartado anterior, el/la auditor/a debe abordar el trabajo de auditoría desde la independencia, la integridad, la objetividad, la diligencia profesional, y el secreto profesional. Es decir, lo que viene a constituir su código ético.

- Principios generales de auditoría (Del Bas, 2011): al mismo tiempo, el/la auditor/a debe abordar el trabajo de auditoría siguiendo una serie de principios generales que condicionarán todo su proceder en el proceso de auditoría:

- <u>Principio de finalidad</u>: dependiendo de los objetivos y alcance de la auditoría los criterios, métodos y procesos a emplear por el auditor deberán ser unos u otros.

- <u>Principio de prudencia</u>: ante varios escenarios o posibilidades de elección igualmente probables se elegirá el que dé como resultado un efecto significativo más importante. Aplicaría a la hora de concretar las medidas a incluir en el Plan de acciones correctoras o de mejora.

- <u>Principio de transparencia</u>: el informe de auditoría deberá contener la información necesaria para su fácil comprensión, debiendo el/la auditor/a garantizar en todo momento que dispone de la suficiente y adecuada evidencia que soporte sus conclusiones.

- <u>Principio de uniformidad o de unidad de criterio</u>: por el que ante situaciones de hecho iguales debe adoptarse la misma posición o juicio profesional.

A estos principios generales cabría añadir el <u>principio de coherencia</u> que no menciona Del Bas pero que resulta fundamental en el proceso de realización de la auditoría, consistente en que este proceso resulte coherente durante todo su desarrollo: desde los pasos previos a su inicio hasta la última fase con la elaboración del informe final han de ser coherentes con la finalidad de la auditoría.

3.1.2.- Criterios a seguir en la elaboración del contrato de prestación de servicios como paso previo al inicio del proceso de realización de la auditoría:

El contrato de prestación de servicios es el documento a través del cual una organización (pública, privada, con ánimo de lucro, sin ánimo de lucro, etc.) contrata la prestación de un servicio de auditoría sociolaboral con una persona física o jurídica.

El contrato de prestación de servicios tendrá como **contenidos mínimos**:

a) Identificación de las partes contratantes.

b) Concreción del objeto de la auditoría sociolaboral: alcance de la auditoría.

c) Concreción de los objetivos de la auditoría sociolaboral: han de ser cuanto más específicos mejor para la realización de la auditoría.

d) Tiempo de realización de la auditoría sociolaboral y plazo de entrega del informe final. Aquí también se indicará, en su caso, la posible entrega de un informe parcial.

e) Lugar de realización de la auditoría: pensemos que puede tratarse de una organización con diferentes sedes, por lo que habrá que concretar dónde se ubicará el/la auditor/a para la realización de su trabajo y con qué medios de la entidad podrá contar (un despacho con mesa, silla, ordenador, impresora, etc.).

f) Cuantía que abonar por la organización al auditor/a por la realización de la auditoría sociolaboral, forma de pago y plazos.

g) Concreción de los documentos e información a facilitar por la organización al auditor/a tanto con carácter previo al inicio de la auditoría en cuestión como durante todo el proceso de realización sin que resulte una cláusula limitativa.

h) Cláusula de confidencialidad.

i) Cláusula de protección de datos.

j) Cualesquiera otros derechos y obligaciones que las partes decidan hacer constar y que no resulten contrarias a la norma.

k) Fecha, lugar y firma del auditor/a que elabora el informe.

En caso de que la auditoría sea realizada por un equipo auditor será necesario concretar su identificación de manera individual indicando la responsabilidad de cada miembro del equipo en relación con la parte de la auditoría que resulte de su competencia.

Así mismo, es recomendable que el/la auditor/a incluya en el contrato una cláusula relacionada tanto con las condiciones de acceso a los documentos/información, como a los canales y a la forma de contactar con las personas responsables de cada área o sección de la organización que resultan necesarios para la realización óptima de la auditoría.

El contrato de prestación de servicios es un documento fundamental dado que, al fijarse en él el conjunto de derechos y obligaciones de cada una de las partes contratantes, delimitará las posteriores posibles exigencias de responsabilidades por cualquiera de ellas, incluidos posibles responsabilidades penales e indemnizaciones por daños y perjuicios. Las condiciones de su rescisión estarán sujetas a la normativa de aplicación para contratos particulares entre partes y aquellas otras condiciones particulares que las mismas concreten en el propio contrato.

3.2.- Criterios a seguir en el desarrollo del proceso de la auditoría.

La existencia en la organización de un sistema de referencia previo a la realización de la auditoría sociolaboral como son normas de aplicación (legales, reglamentarias, convencionales, acuerdos, etc.), procedimientos, procesos, políticas, objetivos, estándares o parámetros, es esencial para poder llevar a cabo el trabajo de auditoría. Sin embargo, en el ámbito sociolaboral, al no existir una regulación concreta de la auditoría sociolaboral (a excepción de la auditoría de prevención de riesgos y la auditoría retributiva en los planes de igualdad), no existe un sistema normalizado y unificado a partir del cual desarrollar cada tipo de auditoría, resultando más compleja si cabe su realización dada su amplía dimensión y diversificación (análisis integral de los recursos humanos), junto con el hecho de que cualquier modelo de referencia será propio de cada organización auditada y de que esta, además, es un ente dinámico sujeto a sus cambios internos pero también a los externos condicionados por el entorno sobre el que tiene una influencia habitualmente muy limitada o incluso nula (a excepción de monopolios, empresas con las mayores cuotas de mercado, etc.).

Todo ello hace que los criterios a seguir en el desarrollo del proceso de la auditoría adquieran todavía mayor importancia. Por ello, el/la auditor/a debe diseñar adecuadamente:

1.- <u>El programa de auditoría</u>: objetivos de la auditoría en el desarrollo de la misma concretando al máximo nivel, concreción de las fuentes de información y documentación, concreción de las pruebas de auditoría y de los indicadores clave que le permitan obtener las evidencias objetivas sobre las que fundamentará su informe final. Y, en su caso, la distribución y coordinación del trabajo de auditoría cuando sea realizada por un equipo auditor, fijando en este caso así mismo, los mecanismos de seguimiento y control oportunos que garanticen que no se produce por parte de ningún miembro el desvío de los objetivos, ni del plazo de realización y entrega del informe final.

2.- <u>La planificación de la auditoría</u>: cronograma del Plan de Auditoría: distribución del alcance y del tiempo de cada una de las fases de realización de la auditoría acorde con el plazo establecido en el contrato de prestación de servicios de entrega del informe final (y del informe parcial en su caso).

Tanto para el caso del programa como para la planificación el/la auditor/a deberá asegurarse de tener:

- <u>Conocimiento previo del sector al que pertenece la organización auditada</u>, así como del tipo de producto o servicio que comercialice o gestione, también del mercado de trabajo.

- <u>Conocimiento previo de la organización a auditar</u>, esto es, su misión, sus valores, su organigrama, normativa legal, convencional y reglamentaria de aplicación en relación con las condiciones de trabajo bajo las que se produce la información sociolaboral, los procedimientos, los procesos y las políticas existentes en la organización en el área sociolaboral, y/o los objetivos, los estándares y/o los parámetros establecidos por la organización, y, en su caso, los sistemas internos de seguimiento y control (cuadro de mandos, etc.) de forma que pueda valorar su uso en el proceso de la auditoría (previo análisis de su diseño y metodología, y evaluación de su nivel de fiabilidad).

3.- <u>Los documentos de trabajo</u>: hace referencia en términos amplios a la documentación e información que en algún momento han sido tenidos en consideración en la realización de la auditoría y en la elaboración del informe final. Forman parte tanto los documentos/información recibidos por parte de la organización, como los documentos/información elaborada por el/la auditor/a en el proceso.

Su finalidad será, además, contribuir a sistematizar toda la información obtenida en la realización de la auditoría, de manera que su gestión resulte eficaz y eficiente acorde a los objetivos. También, contribuir al seguimiento y control en el desarrollo del proceso de auditoría. Y, en última instancia, proporcionar la trazabilidad de las **evidencias objetivas** en las que se fundamentará el Informe Final de auditoría.

3.3.- Riesgos en la detección de evidencias objetivas.

3.3.1.- <u>Riesgo de la fuente</u>: este riesgo tiene su origen en la documentación/información facilitada al auditor/a por la organización de forma que la misma resulte incompleta o errónea (voluntaria o involuntariamente). Este riesgo no es habitual dado que la auditoría sociolaboral es voluntaria en la gran mayoría de los casos (excepto en la auditoría de prevención de riesgos laborales y en la auditoría retributiva para los planes de igualdad), por lo que tiene poco sentido que habiendo realizado el encargo de realizar una auditoría sociolaboral (con el coste que ello supone), la organización se engañe a sí misma.

3.3.2.- <u>Riesgo de inexperiencia</u>: este riesgo tiene su origen en la propia figura del auditor/a pues en este caso el/la profesional no ha sido capaz de detectar que la documentación/información facilitada por la organización resulta insuficiente, errónea o incompleta. Este riesgo es habitual cuando el/la profesional no tiene un profundo conocimiento de la auditoría que está desarrollando o su capacidad técnica no es la adecuada.

3.3.3.- <u>Riesgo de evidencia subjetiva</u>: este riesgo tiene también su origen en la propia figura del auditor/a dado que en estos casos el/la profesional opta por quedarse con la primera evidencia que encuentra sin contrastarla en detalle y profundidad para poder llegar a la firme conclusión de que está ante una evidencia objetiva que no admite discusión.

3.3.4.- <u>Riesgo técnico</u>: también este riesgo tiene su origen en la propia figura del auditor/a puesto que aquí el/la profesional no ha sido capaz de diseñar la prueba de auditoría o el indicar clave adecuado a la hora de obtener la evidencia objetiva.

3.3.5.- <u>Riesgo externo al proceso de auditoría</u>: este riesgo resulta totalmente ajeno al auditor/a. Deriva de una situación que resulta sobrevenida al proceso de auditoría y sobre la que el/la profesional no tiene capacidad de influencia (quiebra de la entidad, fusión o absorción, expediente de regulación de empleo, etc.), sin embargo, la situación en cuestión externa al propio proceso de auditoría sí afecta de forma significativa como para alterar sus resultados.

3.4.- Ventajas e inconvenientes de la auditoría externa y de la auditoría interna.

3.4.1.- Auditoría externa:

Ventajas:

➤ Mayor objetividad del auditor/a

➤ Mayor independencia del auditor/a

➤ Mayor imparcialidad del auditor/a

➤ El/la auditor/a puede ser absolutamente crítico en el proceso

➤ Mayor credibilidad en el trabajo desarrollado por el/la auditor/a

➤ Imagen de transparencia del trabajo desarrollado por el/la auditor/a

➤ Evita ser el origen de posibles conflictos internos en la organización entre el personal afectado por la auditoría y la persona que la realiza

➤ Al ser conocedor el/la auditor/a de otras organizaciones a las que ha auditado con anterioridad, es capaz de aportar acciones correctoras y de mejora innovadoras y diseñadas *ad hoc* para cada organización.

Inconvenientes:

➤ Mayor desconocimiento de la organización por parte del auditor/a

➤ Mayor desconocimiento del sector y del entorno de la organización por parte del auditor/a

➤ Mayor dificultad en su realización al no conocer a las personas con las que ha de interactuar y la forma en la que fluye la información/comunicación

➢ Tiempo delimitado contractualmente para la realización de la auditoría y la entrega del informe final, con las consecuentes responsabilidades penales y civiles en caso de incumplimiento

3.4.2.- Auditoría interna:

Ventajas:

➢ Mayor conocimiento de la organización por parte del auditor/a

➢ Mayor conocimiento del sector y del entorno de la organización por parte del auditor/a

➢ Menor dificultad en su realización al conocer a las personas con las que ha de interactuar y la forma en la que fluye la información/comunicación

➢ Es posible que el auditor/a disponga de más tiempo para la realización de la auditoría al formar ya parte de la organización

Inconvenientes:

➢ Menor objetividad del auditor/a

➢ Menor independencia del auditor/a

➢ Menor imparcialidad del auditor/a

➢ Para el/la auditor/a puede ser más difícil ser crítico con el trabajo de sus "compañeros/as"

➢ Menor credibilidad en el trabajo desarrollado por el/la auditor/a

➢ La transparencia del trabajo desarrollado por el/la auditor/a es más fácil de cuestionar por los miembros de la organización

> Puede ser origen de conflictos internos en la organización entre el personal afectado por la auditoría y el/la auditor/a interno/a.

> Al tratarse de una auditoría "endógena" al auditor/a le puede resultar más difícil aportar acciones de mejora innovadoras dada su menor *expertise* fuera de la organización

Actividad:

1ª.- Redactar un contrato de prestación de servicios entre una empresa con servicio de prevención propio y una entidad jurídica dedicada a la realización de auditorías de prevención de riesgos laborales.

4.- PROCESO DE AUDITORÍA: DISEÑO, IMPLEMENTACIÓN Y ANÁLISIS. CIERRE Y PRESENTACIÓN DE RESULTADOS.

4.1.- Metodología.

La metodología en la auditoría sociolaboral es similar a la que se puede adoptar en otras auditorías. El/la auditor/a procede de forma objetiva, independiente e inductiva (consistente en obtener de los hechos particulares o evidencias objetivas, conclusiones generales y objetivas de incumplimientos, inadecuaciones y/o desviaciones), todo lo cual implica de por sí la "ausencia de todo *a priori*". Se basará pues en el análisis, la evaluación y la constatación de los hechos.

El/la auditor/a analiza y evalúa todo lo incluido en el alcance de la auditoría con la ayuda de las pruebas de auditoría y de los indicadores clave. Para la constatación de los hechos, los resultados obtenidos son comparados, bien con las normas de aplicación en la organización (leyes, reglamentos, convenios, acuerdos, etc.), bien con los procedimientos/procesos/políticas de aplicación en el ámbito sociolaboral de la organización, bien con los objetivos/estándares/parámetros establecidos por la organización, para con todo **concretar los incumplimientos, las inadecuaciones y/o las desviaciones.**

Los incumplimientos, las inadecuaciones o las desviaciones detectadas serán evidencias objetivas sobre las que se fundamentará el informe final. Así pues, será necesario proceder siguiendo el "**Árbol de evidencias objetivas**" consistente en:

ÁRBOL DE <u>EVIDENCIAS</u> OBJETIVAS

(*<u>FIABLE</u>, <u>ADECUADA</u> Y <u>SUFICIENTE</u>*)

➤ **INCUMPLIMIENTOS** ⟶ **DIAGNÓSTICO DE LAS CAUSAS**

➤ **INADECUACIONES**

➤ **DESVIACIONES**

INVESTIGACIÓN CUALITATIVA

VALORACIÓN   *GRAVEDAD*

COSTES   *CONSECUENCIAS*   *INVESTIGACIÓN CUANTITATIVA*

JERARQUIZACIÓN

(INCUMPLIMIENTOS/INADECUACIONES/DESVIACIONES)

CONCLUSIONES

(SEGÚN JERARQUIZACIÓN INCUMPLIMIENTOS/INADECUACIONES/DESVIACIONES)

PLAN DE ACCIONES CORRECTORES O DE MEJORAS:

PRIORIZACIÓN ACCIONES

(SEGÚN JERARQUIZACIÓN INCUMPLIMIENTOS/INADECUACIONES/DESVIACIONES)

Fuente: Elaboración propia.

Como podemos ver el Árbol de Evidencias Objetivas nos permite observar cuál es el flujo en el proceso de realización de la auditoría. El objetivo último del auditor/a es encontrar como vimos evidencias objetivas. Un hecho será considerado una evidencia objetiva cuando resulte fiable, adecuada y suficiente:

Fiabilidad: hace referencia a que la fuente a través de la cual se obtiene la evidencia de un hecho es segura: documentos oficiales, documentos que no admiten alteración/falsificación, informes obtenidos directamente de los programas de gestión (programa de nóminas, programa de contratos de trabajo, programa de gestión con la Seguridad Social, programa de gestión con Hacienda, etc.).

Suficiente: porque el/la auditor/a confirma la evidencia de un hecho a través de diferentes fuentes fiables.

Adecuada: porque la evidencia de un hecho es coherente con los objetivos de la auditoría.

Una vez concretada cada **evidencia objetiva** de manera fiable, adecuada y suficiente, se clasifica como **incumplimiento** respecto a las normas que resulten de aplicación, como **inadecuación** de los procedimientos, los procesos o las políticas aplicadas en la organización en el ámbito sociolaboral, o como **desviación** respecto a los objetivos, los estándares o los parámetros preestablecidos por la organización. A continuación, el/la auditor/a deberá **diagnosticar** la/s causa/s que motivan el incumplimiento, la inadecuación y/o la desviación mediante metodología cualitativa y/o cuantitativa. Así mismo, el/la auditor/a deberá "**valorar los costes**" y la "**gravedad de las consecuencias**" de cada incumplimiento, inadecuación y/o desviación, procediendo a su **jerarquización** en función de ambos criterios. A continuación, el/la auditor/a estará en disposición de realizar las **conclusiones** en relación con cada una de las evidencias objetivas encontradas de incumplimientos, inadecuaciones y/o desviaciones, conservando el orden ya establecido en la jerarquización previa. Para finalizar, establecerá el **plan de acciones correctoras o de mejoras** para cada uno de los incumplimientos, las inadecuaciones y/o las desviaciones manteniendo también dicha jerarquización de forma que sea posible priorizar la implementación de dichas acciones.

4.2.- Recomendaciones a tener en cuenta la organización y el auditor/a en la realización de una auditoría sociolaboral.

✓ La cúpula de la organización ha de estar plenamente motivada en su realización: justo porque estamos ante una auditoría voluntaria (excepto la auditoría de prevención de riesgos laborales y la auditoría retributiva de planes de igualdad), el primer paso será que la cúpula de la organización (accionistas, inversores, propietarios), incluida la alta dirección o gerencia, estén plenamente motivadas e implicadas en su realización (recomendación para la organización).

✓ Realización necesaria y constructiva: las personas de la organización implicadas en el proceso de auditoría directa o indirectamente han de estar plenamente convencidas de que su realización es positiva y constructiva para la organización y sus miembros (recomendación para la organización y para el/la auditor/a cuando sea interno/a).

✓ Evitar que sea un informe más: para el caso de las auditorías sociolaborales obligatorias resulta evidente que la organización no debe ignorar el informe pues incurriría en incumplimiento/s con las consecuencias que ello le supondría como se vio. Para el resto de las auditorías sociolaborales, dado que su realización es voluntaria, tiene poca lógica que se realice (con el coste que ello supone) para que el informe sea guardado en un cajón sin llevar a cabo mejoras de ningún tipo (recomendación para la organización).

✓ Herramienta de feed-back: la realización de la auditoría es un instrumento útil tanto para la organización como para sus miembros para obtener y dar feed-back de la realidad sociolaboral de la organización (recomendación para la organización).

✓ Designación de presupuesto: como cualquier acción que se decida emprender en una organización, también cuando una entidad decide llevar a cabo una auditoría debe asignar previamente un presupuesto en sus cuentas y previsiones para que esta decisión llegue a término (recomendación para la organización).

✓ Concreción objetivos y alcance: la organización es la primera que debe tener claro qué – dónde – por qué le gustaría mejor (recomendación para la organización y para el auditor/a).

✓ Utilización de tecnología: aplicar tecnología de sistematización y recopilación de datos que faciliten y simplifiquen el trabajo de auditoría (recomendación para el auditor/a).

✓ Huir del simplismo: el/la auditor/a no debe actuar nunca de manera simplista a la hora de buscar las causas de los incumplimientos, las inadecuaciones y/o las desviaciones dado que estos pueden no ser monocausales sino tener diversas causas (recomendación para el auditor/a).

✓ Plan de Comunicación: la organización debe diseñar un plan de comunicación previo a la realización de la auditoría y trasladarlo al personal que favorezca su colaboración en su desarrollo, así como informar de los resultados obtenidos y cómo va a proceder al respecto la organización (recomendación para la organización). Este plan de comunicación debe desarrollarse de forma constructiva por parte de la organización.

4.3.- Realización de la auditoría sociolaboral.

Sin duda el/la auditor/a ha de tener un claro espíritu de búsqueda, es decir, su trabajo tiene muchos puntos en común con el trabajo científico: ha de hacerse preguntas, plantearse hipótesis, analizar y evaluar datos/información antes de llegar a conclusiones, y todo siguiendo un procedimiento estructurado que se divide en cinco fases.

1ª FASE.- <u>Preliminares en la auditoría</u>:

En esta fase previa vamos a encontrarnos con:

Es aquí donde el/la auditor/a realiza las <u>primeras aproximaciones a la organización</u> con alguna/s reuniones previas con la Dirección. Estas primeras aproximaciones le permitirán conocer mejor la organización, a qué se dedica, cuál es el entorno productivo en el que se desenvuelve, cuál es el mercado de trabajo en el que se sitúan sus perfiles profesionales, cuál es su visión, sus valores y su organigrama. También cuáles son las normas legales, reglamentarias y convencionales que resultan de aplicación en relación con las condiciones de trabajo bajo las que se produce la información sociolaboral. Si la organización a auditar dispone de procedimientos y procesos de trabajo, de políticas en la gestión del personal, y, en su caso, de sistemas internos de seguimiento y control (cuadro de mandos, etc.).

También, en esos primeros contactos, es donde la organización traslada los <u>motivos</u> de estar interesada en realizar una auditoría sociolaboral, de forma que las partes pueden definir los <u>objetivos</u> que se persigue con su realización y su <u>alcance</u>.

Y cuando estos aspectos previos quedan claramente definidos, es el momento en el que las partes proceden a <u>formalizar el oportuno contrato de prestación de servicios</u>.

2ª FASE.- <u>Diseño de la auditoría</u>:

En esta segunda fase, denominada de diseño, es en la que el/la auditor/a debe definir qué <u>metodología</u> va a utilizar en la realización de la auditoría (cuantitativa y/o cualitativa), qué técnicas e instrumentos debe diseñar una vez definida la metodología, esto es, qué <u>pruebas de auditoría e indicadores clave</u> deberá diseñar para obtener toda la documentación y la información necesarias para la satisfactoria realización de la auditoría. Si se opta por una metodología cuantitativa se incluirá el diseño de cuestionarios, elaboración de indicadores clave, análisis de datos numéricos, etc. Si se opta por una metodología cualitativa se incluirá el diseño de entrevistas, el diseño de dinámicas grupales, relación de documentación a recabar, etc.

En esta fase es muy importante tener en cuenta que el/la auditor/a analiza y evalúa la realidad, es decir, en el proceso de auditoría no debe modificar intencionadamente el objeto de la misma pues su objetivo es hacer una fotografía lo más fiel posible de lo que está ocurriendo realmente en la organización. Consecuentemente, no serán válidas pruebas de auditoría que alteren las condiciones en las que se produce la realidad sociolaboral de la organización.

3ª FASE.- <u>Realización de la auditoría</u>:

Esta tercera fase se subdivide en tres subfases distintas:

Subfase 3ª. A.- Implementación pruebas de auditoría e indicadores clave:

Esta subfase tiene como finalidad que el/la auditor/a obtenga toda la documentación e información necesarias para lo cual implementará las pruebas de auditoría y los indicadores clave diseñados en la fase anterior (técnicas cuantitativas y técnicas cualitativas). Al respecto es bueno recordar que los miembros de la organización han de conocer los motivos y la finalidad de su realización de tal forma que se establezca una colaboración plena y fructífera entre ellos y el/la auditor/a, de ahí la importancia de que la entidad realice un buen plan de comunicación, con especial atención en las áreas y en las personas que vayan a verse afectadas directamente, minimizando así posibles rechazos.

Subfase 3ª. B.- Análisis y evaluación de resultados:

En esta subfase el/la auditor/a procede a analizar y evaluar en detalle y profundidad toda la documentación y toda la información obtenidas con la finalidad de concretar evidencias objetivas, bien de incumplimientos respecto a las normas que resulten de aplicación, bien de inadecuaciones de los procedimientos, los procesos y/o las políticas aplicadas en la organización en el ámbito sociolaboral, bien de desviaciones respecto a los objetivos, los estándares o los parámetros preestablecidos por la organización.

En este sentido conviene recordar que un hecho será considerado por el/la auditor/a una evidencia objetiva cuando se haya obtenido a través de diversas pruebas fiables, suficientes y adecuadas. Nunca una evidencia podrá ser considerada objetiva si es el resultado de la suposición o de la especulación del auditor/a.

Subfase 3ª. C.- Plan de acciones correctoras o de mejora:

En esta subfase, y una vez concretadas las evidencias objetivas, el/la auditor/a propondrá para cada una de ellas una acción concreta de mejora o correctora, indicando el área/s, sección/es o la/s posición/es responsable/s de implementarla en la organización, así como el plazo en el que debe llevarse a cabo.

4ª FASE .- <u>Output de la auditoría: Informe</u>:

La finalidad de esta cuarta fase es dar a conocer a la Dirección o máximo/a representante/s de la organización tanto el desarrollo del proceso de auditoría realizado como los resultados obtenidos (evidencias objetivas). Generalmente, esta fase consiste en elaborar el informe final y trasladarlo a la Dirección o máximo/a representante/s de la organización, siendo muy recomendable no solo entregarlo en formato papel o enviarlo por correo electrónico, sino realizar por parte del auditor/a una presentación directa del mismo que le permita poder resolver posibles dudas.

Para llevar a cabo esta cuarta fase, el auditor/a tendrá en consideración los criterios técnicos del informe, tanto en cuanto a los criterios de contenidos, como en cuanto a los criterios de los requisitos formales. Estos criterios serán observados en la elaboración y presentación del informe tanto en su estructura, como en su redacción, como en su formato de presentación.

En cuanto a los <u>criterios sobre los contenidos del informe</u>, este deberá constar de:

1) Portada del informe donde conste con claridad la entidad auditada, el tipo de auditoría sociolaboral realizada, persona o entidad que realiza la auditoría, fecha y lugar.

2) Índice de contenidos, a ser posible paginando dónde se encuentra cada epígrafe.

3) Presentación de la persona/s o entidad que realiza la auditoría (currículum de los/las auditores/as, y breve presentación de la entidad auditora en su caso),

4) Objetivos que motivan su realización, con su justificación.

5) Alcance de la auditoría sociolaboral: áreas, departamentos, puestos de trabajo, procedimientos de trabajo, políticas, objetivos, etc.

6) Metodología utilizada, concretando pruebas de auditoría e indicadores clave.

7) Resultados: evidencias objetivas encontradas jerarquizándolas de mayor a menor según la valoración de sus costes y la gravedad de sus consecuencias (Árbol de Evidencias Objetivas).

8) Posibles limitaciones o restricciones que el/la auditor/a ha tenido en el proceso de realización de la auditoría y sus consecuencias.

9) Plan de acciones correctoras o de mejoras propuesto (siguiendo el mismo orden de jerarquización utilizado en los resultados), concretando cada una de ellas de manera detallada, así como el área/s, sección/es o la/s posición/es responsable/s de implementarla en la organización y plazo de implementación.

10) Lugar, fecha y firma.

En cuanto a los <u>criterios sobre los requisitos formales del informe</u>, este deberá constar de:

✓ El lenguaje utilizado ha de ser claro y preciso, intentado evitar tecnicismos en exceso que puedan dificultar su comprensión.

✓ El informe debe tener una adecuada extensión, ni excesivamente extenso ni excesivamente corto, sino lo necesario para que puedan comprenderse los resultados y el plan de acciones.

✓ El informe ha de estar correctamente puntuado, es decir, el/la auditor/a debe utilizar adecuadamente los signos de puntuación. Al mismo tiempo, deben evitarse faltas de ortografía.

✓ No conviene abusar de la **negrita**, el <u>subrayado</u> o la *cursiva* para no agotar al lector/a, de forma que su uso adecuado ayude a una mejor comprensión del informe, es decir, destacar realmente lo importante.

✓ Seguir un orden lógico y coherente en el desarrollo de sus contenidos.

✓ Los resultados estarán coherente y sólidamente asentados en las evidencias objetivas encontradas.

✓ En todo caso, el informe final deberá entregarse dentro del plazo acordado en el contrato de prestación de servicios con la finalidad de que el auditor/a no sea penalizado por este incumplimiento.

Para el caso de la presentación de resultados numéricos, resulta muy adecuado hacerlo utilizando tablas o cuadros, o presentaciones gráficas como diagramas de barras, diagramas de sectores, entre otros.

Estos criterios, dado que son criterios y no normas, son una guía que no reemplazan el libre criterio del auditor/a a la hora de redactar su informe si considera que alguno/s de los anteriores aspectos no son de aplicación en su informe.

Tipos de Informe: vamos a encontrarnos con 4 tipos de informe en función del momento en el que se realice:

• <u>Informe preliminar</u>: es previo al inicio de la auditoría, si bien en el ámbito de la auditoría sociolaboral no es habitual.

- Informe parcial: se trata de un informe que se realiza durante el proceso de la auditoría, es decir, la auditoría todavía no ha finalizado. Puede ser porque así lo pida la entidad y así esté reflejado en el contrato de prestación de servicios. Puede ser porque el/la auditor/a detecte algún incumplimiento, inadecuación o desviación importante que no permita esperar a la entrega del informe final (pongamos por caso durante la realización de una auditoría de prevención de riesgos laborales que se detecte por parte del auditor/a un "riesgo grave e inminente").

- Informe final: es el informe más habitual en la auditoría sociolaboral, y se entrega en finalizar la auditoría dentro del plazo establecido en el contrato de prestación de servicios.

- Informe seguimiento y control: normalmente es el informe que se realiza sobre la evolución de la implementación de las acciones de mejora o correctoras. Como lo habitual es que el/la auditor/a externo no realice personalmente dicha implementación, no corresponde pues a él/ella la elaboración de este informe. En todo caso, si el/la auditor/a externo realizara de nuevo una auditoría sociolaboral transcurrido cierto tiempo desde que hiciese la primera, sí sería imprescindible que el/la mismo/a pudiera disponer del informe de seguimiento y control elaborado con motivo de la implementación del plan de acciones que propuso en su primera auditoría. Para el caso del auditor/a interno, sí es más probable que participe en la implementación de las acciones correctoras o de mejora, por lo que sí es más habitual que sea de su responsabilidad la elaboración de este informe.

Resultados posibles del informe de auditoría sociolaboral:

En el apartado correspondiente a "resultados" del informe final, además de hacer constar cada uno de los incumplimientos, las inadecuaciones y/o las desviaciones de manera jerarquizada siguiendo el *Árbol de Evidencias Objetivas* como vimos, deberemos indicar el resultado final, que podrá ser:

I.- <u>Favorable</u>: si la entidad auditada cumple con la totalidad de la normativa que le resulte de aplicación (leyes, reglamentos, convenios, acuerdos, etc.), no presenta ninguna inadecuación en sus procedimientos, procesos y políticas de aplicación en el ámbito sociolaboral, y/o no presenta desviaciones respecto de los objetivos, estándares y/o parámetros previamente establecidos por la organización.

II.- <u>Desfavorable</u>: si la entidad auditada presenta alguna/s evidencia/s objetiva/s de incumplimiento/s, inadecuación/es y/o desviación/es, que además habrá de subsanar conforme al plan de acciones de mejora o correctoras.

III.- <u>Negativo</u>: cuando el/la auditor/a no ha obtenido las evidencias objetivas necesarias para poder llegar a resultados concretos que le permitan redactar un informe final favorable o desfavorable.

5ª FASE .- <u>Seguimiento y control del Plan de Acción</u>:

Cuando el/la auditor/a es externo no es habitual que se encargue de la implementación del plan de acciones correctoras o de mejoras, lo habitual en estos casos es que la organización se encargue de ello por sus propios medios o contrate con una consultora. Este suele ser el escenario también para el caso de las auditorías intermedias.

Pero cuando la auditoría la realiza un/a auditor/a interna, es bastante habitual que el plan de acciones correctoras o de mejoras se lleve a cabo con las personas expertas en recursos humanos de la organización, aunque sea con la colaboración de una consultora externa. En este caso, las personas expertas del área de recursos humanos deberán documentar el seguimiento y control de la implementación de dicho plan, así como cuáles están siendo los resultados obtenidos.

4.4.- Liderazgo del trabajo en equipo en la realización de la auditoría sociolaboral.

El liderazgo supone dirigir los esfuerzos realizados por los/las profesionales que conforman el equipo auditor hacia los objetivos planteados en el contrato de prestación de servicios para su satisfactoria realización, aplicando los mecanismos necesarios que permitan ir comprobando que los mismos se van alcanzando. Así, el/la auditor/a que lidere el equipo, entre otros:

➢ Dará orientaciones y/o instrucciones de trabajo a cada uno de los/las profesionales del equipo auditor dentro de su área de competencia como líder/lideresa, por tanto, sin entrar en cuestiones técnicas de las que no sea experto/a.

➢ Los miembros del equipo auditor, en el desarrollo de la auditoría, estarán obligados a mantener al corriente al auditor/a que los lidere de cualquier aspecto que pudiera dar lugar a un problema significativo con trascendencia en el normal desarrollo de la misma.

➢ Supervisará el trabajo realizado por cada profesional para garantizar la correcta ejecución del encargo en relación con la programación y la planificación.

➢ Tomará decisiones en relación con la modificación del plan de trabajo si así lo estima necesario con la finalidad de llegar en plazo a la fecha de entrega del informe final.

➢ Resolverá las dudas o discrepancias que puedan surgir entre miembros del equipo.

El grado de supervisión dependerá, en cualquier caso, del tamaño y de la complejidad de la organización auditada, así como del *background* o *expertise* que tengan las personas que formen parte del equipo.

Los auditores/as componentes del equipo auditor, como cualquier auditor/a, seguirán cada una de las fases anteriormente vistas en su área de competencia en la realización de la auditoría con la supervisión del auditor/a que lidere el equipo.

5.- TÉCNICAS DE AUDITORÍA: PRUEBAS DE AUDITORÍA E INDICADORES CLAVE.

5.1. Técnicas de auditoría: Pruebas de auditoría.

Las técnicas de auditoría derivarán del método elegido para llevar a cabo la auditoría, de forma que se utilizarán técnicas cuantitativas cuando esta sea la metodología elegida, y/o técnicas cualitativas cuando la metodología sea la cualitativa. Las pruebas de auditoría son las técnicas (cuantitativa y/o cualitativas) que vamos a emplear para el caso concreto de una auditoría sociolaboral, de forma que la evidencia objetiva en la auditoría sociolaboral se obtiene mediante las pruebas de auditoría.

Siguiendo a Fuentes, Veroz y Morales (2005) las características requeridas para que una prueba de auditoría sea efectivamente la que deba utilizarse en una auditoría concreta serán que la misma resulte:

.- Suficiente: hace referencia a la cantidad de información de que se dispone.

.- Adecuada: relacionada con la calidad de información (representativa).

.- Pertinente: es aquella información que es razonable y relevante.

.- Fiable: objetiva y que no admite dudas o diferentes interpretaciones.

Así, se optará por una/s técnica/s cualitativa/s como el análisis documental, la entrevista, la dinámica grupal, etc. Y/o se optará por una/s técnica/s cuantitativa/s como la encuesta, los datos estadísticos o numéricos, etc. según cumpla o no las cuatro características anteriores.

5.2. Técnicas de auditoría: Indicadores clave.

El indicador se define como un dato o información que sirve para conocer o valorar las características, la intensidad, la eficacia, la eficiencia y la calidad de un hecho o acción, así como para determinar la evolución de un aspecto y su posible comportamiento futuro.

Un indicador es una medida cuantitativa que relaciona dos o más variables. Su mayor valor reside en que ofrece la posibilidad de comparar e interrelacionar diversos indicadores obteniendo un diagnóstico más amplio y completo de la realidad auditada. Permite medir de manera sencilla y ayuda a comprender mejor la realidad. La combinación de varios indicadores proporciona información agregada.

Los indicadores son una herramienta clave a la hora de obtener información en el proceso de auditoría, tanto para el análisis de la información, como para contratar la información.

Los indicadores cuantifican la información a través de distintas unidades de medida: dinero, tiempo, unidades, porcentaje, etc. Cuantifican los resultados y/o los cambios habidos respecto a un hecho o una acción ocurridos en la organización. Son por tanto una de las herramientas más importantes a la hora de visibilizar y cuantificar la parte intangible del ámbito sociolaboral en las organizaciones.

Al mismo tiempo, facilitan el seguimiento y el control de los objetivos, los parámetros y/o los estándares prefijados por la organización en el ámbito sociolaboral, permitiendo así mismo conocer su evolución. Igualmente, para el caso de los procedimientos, de los procesos y/o de las políticas aplicadas en el ámbito sociolaboral de la organización.

Como ocurre en las pruebas de auditoría, los indicadores clave también tienen como objetivo generar información útil en dos sentidos:

.- Generar <u>cantidad</u> de información, datos.

.- Generar <u>calidad</u> de información, datos.

El indicador, por sí mismo o en combinación con otros, nos dará la información clave a la hora de diagnosticar la/s causa/s y concretar la/s medida/s correctora/s o de mejora a adoptar en su caso.

Características de los indicadores clave:

➢ El indicador tiene que ser útil: ha de proporcionar la información que se está buscando con su diseño, que facilite información de lo que se quiere auditar.

➢ El resultado del indicador tiene que ser cuantificable: proporcionar una unidad de medida que aisladamente o en relación con otros indicadores nos proporcione información relevante al objeto de la auditoría.

➢ La información utilizada en el diseño del indicador ha de ser fácil de recopilar.

➢ El resultado del indicador ha de ser preciso, concreto, que no dé lugar a ambivalencias.

➢ El indicador ha de ser verificable en toda su dimensión, es decir, tanto en cuanto a los datos utilizados para su diseño como al resultado obtenido.

➢ Objetivo (carente de subjetividad).

➢ El indicador ha de ser comprensible al menos para el/la auditor/a, no cabe diseñar un indicador que ni el propio auditor/a sabe cómo interpretar el resultado.

> ➤ En caso de querer realizar comparaciones entre diferentes indicadores, el/la auditor/a deberá diseñar indicadores que efectivamente sean comparables entre sí.

> ➤ En ningún caso serán costosos de conseguir, es decir, la relación entre el coste de obtener un resultado y el beneficio de tener la información del resultado en cuestión serán equilibrados.

> ➤ Es importante diseñar indicadores que, no solo aporten información en relación con la auditoría en cuestión, sino que incluso puedan utilizarse en futuras auditorías periódicas.

Dimensiones de los indicadores clave:

A) <u>Dimensión cualitativa</u>: el indicador tendrá una dimensión cualitativa, esto es, respecto del total de la organización, respecto de una o varias áreas, uno o varios departamentos, una o varias secciones de la organización, respecto de una o varias posiciones, etc.

B) <u>Dimensión cuantitativa</u>: el indicador tendrá siempre como referencia un período temporal determinado: respecto de una hora, de un día, de una semana, de un mes, de un trimestre, de un semestre, de 1 año, etc.

Los resultados obtenidos con los indicadores clave se comparan con el referente del procedimiento, del proceso y/o de la política auditada/s, y/o del objetivo, del parámetro y/o del estándar prefijado por la organización, para de ahí detectar las inadecuaciones y/o las desviaciones.

Para cada indicador deberá concretarse con exactitud la fuente utilizada para la obtención de los datos. Esto supone que cada vez que se realiza una auditoría sociolaboral han de diseñarse indicadores a medida de cada organización puesto que no todas las organizaciones utilizan los mismos programas ni gestionan la información y los datos de igual manera.

Algunos indicadores clave:

**Contratación del personal**:

.- Presencia de contratos fijos discontinuos en el conjunto de la contratación de la organización:

Número contratos fijos discontinuos vigentes en 2024
--- X 100 = %
    Número contratos de trabajo vigentes en 2024

.- Presencia de empleados/as contratados a tiempo parcial en una posición concreta respecto del total de empleados/as en la misma posición:

Número profesores/as contratados/as a tiempo parcial en 2024
-- X 100 = %
    Número profesores/as en 2024

.- Presencia de personal contratado en un determinado período del año en relación con el total de personal contratado en todo el año:

Número personal contratado para la campaña de Navidad en 2024
-- X 100 = %
    Número personal contratado en 2024

Rotación del personal:

.- Rotación del personal por baja voluntaria en el conjunto de la organización en el año 2024:

Número bajas voluntarias en 2024
--- X 100 = %
   Número empleados/as en 2024

.- Rotación del personal por baja voluntaria en un área concreta de la organización en el año 2024:

Número bajas voluntarias en el área de ventas en 2024
-- X 100 = %
   Número empleados/as en el área de ventas en 2024

.- Rotación del personal por excedencia voluntaria en el conjunto de la organización en el año 2024:

Número excedencias voluntarias en 2024
-- X 100 = %
   Número empleados/as en 2024

.- Rotación del personal por excedencia voluntaria en un área concreta de la organización en el año 2024:

Número excedencias voluntarias en el área de logística en 2024
-- X 100 = %
   Número empleados/as en el área de logística en 2024

.- Rotación del personal por no superar el período de prueba respecto de las contrataciones realizadas en el año 2024:

Número empleados/as no superan período prueba en 2024
-- X   100 = %
        Número empleados/as contratados en 2024

.- Rotación del personal contratado en una posición concreta por no superar el período de prueba en el año 2024:

Número conductores/as no superan período prueba en 2024
-- X   100 = %
        Número conductores/as contratados en 2024

Salarios:

.- Retribución media bruta por empleado/a en el año 2024:

Retribuciones totales brutas abonadas en 2024
-- = euros
        Empleados/as totales en 2024

.- Retribución media bruta en una posición concreta de la organización en el año 2024:

Retribuciones totales brutas abonadas a administrativos/as en 2024
-- = euros
        Administrativos/as en 2024

Retribuciones totales brutas abonadas a mandos intermedios en 2024
-- = euros
Mandos intermedios en 2024

Retribuciones totales brutas abonadas a directivos/as en 2024
--- = euros
Directivos/as en 2024

.- Retribución variable respecto del total de retribuciones en el año 2024:

Retribuciones totales brutas en conceptos variables abonadas en 2024
--- X 100 = %
Retribuciones totales brutas por todos los conceptos abonadas en 2024

.- Retribución variable por ventas respecto del total de retribuciones del Departamento de Ventas en el primer trimestre de 2024:

Retribuciones totales brutas por ventas 1er. trimestre 2024
--- X 100 = %
Retribuciones totales brutas del Dpto. Ventas 1er. trimestre 2024

.- Retribución media bruta abonada al personal por la realización de horas extraordinarias en el primer semestre del año 2024:

Retribuciones totales brutas por horas extraordinarias 1er. semestre 2024
-- = euros
Empleados/as que han percibido horas extraordinarias 1er. semestre 2024

Conflictividad laboral:

.- *Denuncias ante la Inspección de Trabajo y Seguridad Social en relación con el volumen de empleados/as de la organización en el año 2024:*

$$\frac{\text{Número denuncias en Inspección de Trabajo y S.S. en 2024}}{\text{Número empleados/as en 2024}} \quad X \quad 100 = \%$$

.- *Demandas ante la jurisdicción de lo Social en relación con el volumen de empleados/as de la organización en el año 2024:*

$$\frac{\text{Número demandas ante la jurisdicción social en 2024}}{\text{Número empleados/as en 2024}} \quad X \quad 100 = \%$$

.- *Empleados/as en situación de huelga en relación con el volumen de empleados/as de la organización en el año 2024:*

$$\frac{\text{Número empleados/as en huelga en 2024}}{\text{Número empleados/as en 2024}} \quad X \quad 100 = \%$$

.- *Días de huelga por empleado/a en huelga en el año 2024:*

$$\frac{\text{Número días de huelga en 2024}}{\text{Número personas en huelga en 2024}}$$

Clima laboral:

.- Quejas presentadas por los empleados/as respecto del conjunto de empleados/as de la organización en el segundo semestre del año 2024:

Número quejas de los empleados/as en el segundo semestre 2024
--- X 100 = %
       Número empleados en el segundo semestre de 2024

.- Días laborales perdidos por ausencias en el primer trimestre del año 2024 respecto del total de días laborales del personal del conjunto de la organización en el primer trimestre del año 2024:

Núm. días laborales perdidos por ausencias primer trimestre 2024
--- X 100 = %
       Número días laborales del personal primer trimestre 2024

.- Días laborales perdidos por bajas médicas del personal por contingencias comunes en el año 2024 respecto del total de días laborales del personal del conjunto de la organización en el año 2024:

Núm. días laborales perdidos bajas médicas (contingencias comunes) 2024
--- X 100=%
       Número días laborales del personal en 2024

Selección de personal:

.- Candidatos/as seleccionados en el año 2024 respecto a los candidatos/as presentados en el año 2024:

Número candidatos/as seleccionados en 2024

--   X   100 = %

  Número candidatos/as presentados en 2024

.- Candidatos/as rechazados en la cobertura de una posición determinada en el año 2024 respecto a los candidatos/as presentados para dicha posición en el año 2024:

Número candidatos/as rechazados puesto operario/a en 2024

--   X   100 = %

Número candidatos/as presentados puesto operario/a en 2024

.- Número medio de candidatos/as presentados/as para la cobertura de las vacantes en la organización en el año 2024:

Número candidatos/as presentados/as en 2024

    Número puestos vacantes en 2024

Formación del personal:

.- *Horas de formación por empleado/a en el segundo trimestre de 2024:*

Número horas de formación en el 2º trimestre 2024

Número empleados/as en el 2º trimestre 2024

.- *Horas de formación por empleado/a formado/a en el año 2024:*

Número horas de formación en 2024

Número empleados/as formados/as en 2024

.- *Horas de formación por empleado/a formado/a en una acción formativa concreta en el año 2024:*

Número horas de formación en Igualdad en 2024

Número empleados/as formados/as en Igualdad en 2024

Número horas de formación en Trabajo en Equipo en 2024

Número empleados/as formados/as en Trabajo en Equipo en 2024

Número horas de formación en Inglés en 2024

Número empleados/as formados/as en Inglés en 2024

.- Coste medio de formación por empleado/a formado/a en el primer semestre del año 2024:

Coste de la formación realizada en primer semestre 2024
-- = euros
Número empleados/as formados/as en primer semestre 2024

REFERENCIAS BIBLIOGRÁFICAS

Calvo, Ricard y Rodríguez, Juan (2014). "La auditoría sociolaboral: una herramienta por descubrir (y utilizar)". *Lan Harremanak*, 30: 71-93.

Chamorro, Susana (2013). *Auditoria sociolaboral. Introducció a l'auditoria sociolaboral.* Universitat Oberta de Catalunya.

De la Poza, José María (1993). *Principios de Auditoría Sociolaboral.* Ed. Deusto, Madrid.

Del Bas, Emilio (2011). *Guía de Auditoría laboral de legalidad.* Ed. CISS, Madrid.

Del Bas, Emilio; Calvo, Ricard y García, María Ángeles (2015). *Auditoría Sociolaboral: Teoría y práctica de una herramienta para la gestión de los RRHH.* Editorial Tirant Lo Blanch, Valencia.

Dolan, Simón; Schuler, Randall y Valle, Ramón (1999). *La Gestión de los recursos humanos.* McGraw-Hill, Madrid.

Fuentes, Fernando J.; Veroz, Ricardo y Morales, Alfonso C. (2005). *Introducción a la auditoría sociolaboral.* Diego Marín Ediciones, Murcia.

Lado, Mario (2013). *Introducción a la Auditoría Sociolaboral. Una perspectiva desde los Recursos.*Humanos, Bubok Publishing.

López Cela, Miguel A. (2001). "La auditoría sociolaboral", en *VIII Xornadas Galegas sobre Condicións de Traballo e Saúde* (Colección: Xornadas, Conferencias, Premios). A Coruña: Fundación Caixa Galicia.

Rodríguez; Juan A.; Aguado, Juli A. y Calvo, Ricard (2020). *Técnicas de auditoria sociolaboral: Observar el futuro de las organizaciones en perspectiva*. Editorial Tirant Lo Blanch, Valencia.

Sanz, A. (2006). *Herramientas para la investigación de lo social en las organizaciones*. Mira editores, Zaragoza.

Vázquez-Bonome, Antonino y García, María (2003). *Tratado de Auditoría laboral*. Difusión Jurídica y Temas de actualidad S.A., Barcelona.

Wherter, William y Davis, Keith (1990). *Administración de personal y recursos humanos*. McGraw-Hill, Madrid.

REFERENCIAS NORMATIVAS

Ley 31/1995, de 8 de noviembre, de Prevención de Riesgos Laborales.

Ley 9/2003, de 2 de abril, para la igualdad entre mujeres y hombres (Comunidad Valenciana).

Ley Orgánica 3/2007, de 22 de marzo, para la igualdad efectiva de mujeres y hombres.

Ley 40/2015, de 1 de octubre, de Régimen Jurídico del Sector Público.

Real Decreto 39/1997, de 17 de enero, por el que se aprueba el Reglamento de los Servicios de Prevención.

Decreto 133/2007, de 27 de julio, del Consell que regula las condiciones y requisitos para el visado de los Planes de Igualdad de las Empresas de la Comunitat Valenciana.

Real Decreto-ley 6/2019, de 1 de marzo, de medidas urgentes para garantía de la igualdad de trato y de oportunidades entre mujeres y hombres en el empleo y la ocupación.

Real Decreto 901/2020, de 13 de octubre, por el que se regulan los planes de igualdad y su registro y se modifica el Real Decreto 713/2010, de 28 de mayo, sobre registro y depósito de convenios y acuerdos colectivos de trabajo.

Real Decreto 902/2020, de 13 de octubre, de igualdad retributiva entre mujeres y hombres.